JN436634

사랑의 눈으로 보면

김선호 수필집

오늘의문학사

국립중앙도서관 출판시도서목록(CIP)

사랑의 눈으로 보면 : 김선호 수필집 / 지은이: 김선호. --
대전 : 오늘의문학사, 2016
p. ; cm

표제관련정보: 우리가 살아갈 삶의 슬기와 미덕을 담은 에세이
ISBN 978-89-5669-735-2 03810 : ₩12000

한국 현대 수필[韓國現代隨筆]

814.7-KDC6
895.745-DDC23 CIP2016001740

사랑의 눈으로 보면

❥ 책머리에

날마다 새롭고, 달마다 새롭지만, 올해는 저에게 특별한 의미가 있습니다. 세월이 빗겨간 줄 알았는데, 어느덧 70세 고희(古稀)를 맞습니다. 또한 창작의 열정을 사르던 대학 생활 가운데 '충남대문학회장'을 맡아 봉사한 1967년부터 계산하니 문학과 맺은 인연이 50년입니다.

가슴은 뜨거웠지만, 돌아보면 내놓을 게 없습니다. 1권의 시집, 3권의 수필집이 가난한 수확입니다. 앞으로 더 열심히 좋은 글을 쓰리라 다짐하면서 네 번째 수필집 『사랑의 눈으로 보면』을 펴냅니다. 짧은 글은 대전일보, 대전매일신문, 대학신문, 성당 주보 등에 실린 글에서 몇몇 편을 뽑았습니다.

고마운 분들을 떠올리며, 긴 세월 베풀어 주신 은혜에 감읍(感泣)합니다. 청상이셨던 어머니의 눈물겨운 사랑, 어린 조카를 맡아 기르고 가르쳐 주신 외삼촌과 가족들, 그리고 '사랑'으로 지켜준 아내 김성옥 율리아나 님에게 고마운 마음으로 이 책을 바칩니다.

2016년 새아침에 김 선 호

제1부 여유가 행복을 만듭니다

제2부 신부님과 카네이션

제3부 말에서 천국과 지옥이

제4부 윗물은 흐려도 아랫물은 맑다

제5부 옹근 겨레말과 참 겨레 얼

제1부

여유가 행복을 만듭니다

가수원 별곡

나와 내 사랑하는 가족들의 뿌리터, '가수원'은 이름 그대로 청산벽계(青山碧溪)의 쾌적한 공간 — 그야말로 정이 흠씬 배인 시골스러운 곳이다.

생활의 편리함 등과 같은 문화적인 면으로도 여느 다른 도회에 뒤지지 않는, 그러면서도 풋풋한 인정이 넘치는, 한 마디로 말해 살고 싶어 사는 그야말로 살맛나는 곳이 바로 이 곳 가수원이다.

무심한 눈으로 보면, 적지 않게 늘어난 회색의 숲 때문에 다소 답답함이 느껴져 다른 지역과 별로 다를 것이 없는 곳으로 보일 수도 있지만, 그러나 하루만이라도 이곳에 안겨 이곳 사람이 되어 지내다 보면, 이내 처음의 인상과는 달리 더없이 해맑은 공간임을 깨닫게 되어 이내 이곳을 사랑하게 된다. 그 이유는 우선 수려한 청산이 병풍처럼 둘러 서 있고, 푸른 내 갑천이 휘돌아 흐르고 있기 때문이며, 온갖 전원 고유의 멋스러움이 소리 없이 다가와 그 의연하고 자상한 자태를 유감없이 드러내기 때문이다. 더구나 심심찮게 들려오는 뻐꾸기나 개구리, 또는 맹꽁이의 울음소리가 한층 살맛을 더하게 하는 것도 이유 중에 하나이다.

가수원의 주민들은 어느 누구나 문을 열고 밖으로 나서 언덕 쪽으로 몇 발짝만 떼어놓으면 곧바로 푸른 솔숲과 만나게 된다. 이 솔숲엔 온갖 꽃들의 향연, 새들의 노래, 까불대며 곡예를 펼치는 청설모, 풀벌레 및 바람소리…, 그리고 나뭇잎들의 정다운 속삭임이 있다. 도시의 한쪽에 이같이 해맑고 수려한 청산이 자리를 잡고 있다는 사실을 믿지 않으려고 하는 사람도 있을지 모른다. 그러나 이곳은 일체의 허풍이 다 부질없는, 말 그대로 청아한 공간이다. 매연과 먼지 그리고 소음 등 각종 공해에 시달리고 있는 도시인들에게 이런 혜택의 공간이 있어, 그 안에 이를 누리며 살 수 있다는 사실은 그 자체만으로도 세상의 그 무엇과도 견줄 수 없는 축복이 아닐까 한다.

흔히 자연이라고 하면, 산이나 강 또는 바다 같은 것을 떠올리곤 하지만, 문명과 뒤범벅이 되어 알맹이는 없고 껍데기만 덩그렇게 남아있는 것은 죽은 자연에 불과하다. 원시의 모습이 그대로 보존되어 있는, 말 그대로 살아있는 것들이 살아있음을 마음껏 과시할 수 없는 자연은 이미 용도 폐기된 자연임으로, 기(氣)가 살아있는 진짜 자연은 아닌 것이다. 이런 기준으로 볼 때, 가수원 한쪽 끝에 자리하고 있는 솔숲은 비록 장대하지는 않으나, 분명 원시의 숨결을 아직 그대로 보존하고 있다.

청솔 숲, 그리고 그들이 낳은 바람이 빚어내는 청량한 기운과 삼삼함이 깃들인 숲속의 산행은 신선이라도 된 것 같은 착각을 일으키게 하여, 더 이상의 말이 필요 없는 희열을 자아내게 한다.

등산길을 따라 구슬땀 흘리며 오르다, 한 바가지 가득 떠서 반은 흘리며 마시는 시원한 약수는 내가 왜 산을 오르고, 또 가수원을 떠나지 못하는가 하는 이유를 깨닫게 해 준다. 그리고 그 깨달음은 이런 저런 일로 인해 쌓인 스트레스 때문에 만신창이 되고, 각종 공해에 찌든 내 피곤한 영육을 다독여 삶의 의욕을 추스르게 하고, 활력을 되찾게 해 준다.

나는 산을 오르며, 삶의 의미와 나름의 지혜를 깨닫곤 한다. 사실 일일삼성(一日三省)을 생활화하려는 뜻을 자주 세우기는 하지만, 누구도 도시 한복판에서 이를 실천한다는 것은 쉬운 일이 아니다. 우선 분위기 자체가 마음을 침잠 시킬 여유를 허락하지 않기 때문이다. 이런 저런 눈꼴신 일들이 보려고 해서 보는 것이 아니라, 외면을 해도 볼 수밖에 없는 상황이니 무슨 재주로 느긋함을 연출해 보일 수 있겠는가.

산에 들어서면 무엇보다도 이런 것들이 눈에 들어오지 않아 우선 마음이 편하다. 땀으로 범벅이 된 몸을 간이역 같은 나무 그루터기에 맡기고 여유를 즐기는 잠시 동안의 휴식 – 이제까지 허둥지둥대며 살아온 지난날을 반추하기도 하고, 앞으로 남은 삶을 어떻게 살 것인가를 설계해 보는 것도 바로 여기서이다. 어진 자는 산을 좋아하고, 지혜로운 자는 물을 좋아한다(仁者樂山 知者樂水)고 한 옛어른의 말씀이 전하는 진의를 확인하는 것도, 바로 이 순간이다.

나는 나를 둘러싸고 있는 수많은 이웃 중에서, 산수를 가장 사랑한다. 그는 겸허의 미덕이 언제나 변함없이 일깨워 주는 스승이기 때문이다.

이렇듯 가르침을 계시해 주는 청산이, 그리고 시냇물이 상서로운 기운으로 가수원을 보듬어 안고 돌기에, 내 삶의 둥지를 튼 이곳을 나는 사랑하지 않을 수가 없다.

수려한 산수가 만들어 내는 상서로운 기운 때문인지, 가수원에 사는 사람들의 심성 또한 진실하고 그윽하다. 제 눈에 안경인지는 모르나, 적어도 내가 접해 본 이웃사람들은 한결같이 좋다. 아주 우연일 수도 있겠지만, 아파트 단지든 체육공원이든 또는 약수터나 저자거리에서 만나는 모든 사람들이 하나같이 부모 같고, 형제들 같다. 더구나 흉허물 없이 사랑을 나눌 수 있는 교우들을 곳곳에서 만날 수 있어, 또한 좋다.

어릴 적 향수와 추억들이 새록새록 살아나 더욱 정겨움을 더해주는 시골 같은 저자거리의 흥성함과 우리 가수원만의 독특한 분위기 그리고 먹거리, 입을 거리, 볼거리, 살 거리 등 홍청거리는 넉넉함 속에 깃들인 걸쭉한 농담이 흥을 돋우어, 사는 맛을 더해주니 — 나는 더욱 이곳을 사랑하지 않을 수가 없다.

이 밖에도 나와 내 가족들의 건강한 삶터인 가수원을 사랑할 수밖에 없는 이유나 사연들은 무궁무진하지만, 엿가락처럼 늘어놓는 것도 서로가 지칠 노릇이고, 일방적인 예찬이 오히려 구렁이 제 몸 추는 격이 될 수도 있을 것 같아 나머지는 여백으로 대신하지만, 아무튼 가수원은 삶의 공간으로 쾌적한 조건을 고루 갖춘 이상적인 곳임에는 틀림이 없다.

다만 걱정되는 바가 있다면, 이 수려한 산수와 넉넉한 심성을 지닌 사람들이 어우러져 살고 있는 이 가수원에도 다른 지역들처럼 점차 개발의 먹구름이 드리워지고 있다는 사실이다. 대덕이나 둔산의 경우처럼, 대규모 아파트가 들어설 공산이 점점 더 커지고 있기 때문이다. 이 수려하고 풍광 좋은 야산과 논지가 사라지고, 대신 흙먼지와 매연 그리고 이에 곁들인 소음공해가 이곳을 가득 채운다면, 우리는 어디에다 다시 가수원을 옮겨 놓고, 그곳에서 만족한 삶을 살 수 있을지 안타까워 두렵기까지 하다.

잃어버리는 만큼 얻는 것이 있다고 하지만, 자연을 훼손하는 일은 결국 모두를 송두리째 잃는 것과 다르지 않은데, 도대체 무엇을 얻을 수 있다는 것인지 이해가 되질 않는다. 이런저런 생각에 빠져 아름다운 풍광과 그를 휩싸고 있는 싱싱한 기운에 취해 있다 보면, 문득 일종의 의무감 같은 것을 느끼게 된다. 창조주께서 무상으로 대여해 주신 이 대자연을 가능한 한 원형 그대로 보존하고, 가꾸는 것이 그분께 행할 수 있는 우리의 마땅한 도리라는 사실을 문득 깨닫게 되기 때문이다.

그러나 물질문명의 급속한 발전 속도에 매료되어, 우리는 벌써부터 정작 소중한 것들을 하나하나 잃어가며 살고 있다. 녹색 공간을 회색의 숲으로 바꾸어 가면서, 우리는 우리의 본질, 즉 인간스러움을 점차 잃어가고 있다. 삶의 진정한 가치는 결국 사람을 통해서 획득되는 것이고, 또 확인받게 되는 것이라는 사실을 한 순간도 망각해서는 안 된다. 인간을 감싸고 있는 따사로운 정이 우리의 삶을 살찌게 할 수 있는 최상의 영양소이기 때문이다.

한때 우리는 기존의 자연을 파괴하고, 그 자리에 인공의 늪을 건설하는 것을 발전의 한 모델인 것으로 인식하던 때도 있었다. 물론 가장 기본적인, 당면한 현실 문제를 해결함으로써 그 지긋지긋한 가난을 면해 보려 한 눈물어린 바람 때문이라는 것을 모르는 바는 아니다. 그러나 지금은 그때와는 처지가 분명히 다르다. 물질의 풍요, 즉 형이하학적인 면에만 모든 포커스를 집중하고, 그 길만이 행복에 이르는 유일한 첩경으로 알고 있는 것이 요즈음 대다수 사람들의 일반화된 생각이다. 그러나 이것은 아전인수격의 해석에 지나지 않는다.

개발의 내면에는 생명의 탯줄을 끊고자 하는 사탄의 음모가 도사리고 있음을 모르고 있었기 때문에, 우리는 그 동안 마구잡이로 파괴를 일삼았다. 그 알량한 안락함을 추구하려는 탐욕 때문에, 진정으로 소중한 것과 인연을 끊는 일을 두려움 없이 자행했던, 사실상의 자살 행위와 같은 어리석은 짓이다. 한 번 파괴된 자연은 원래의 상태로 복구될 수 없을 뿐만 아니라, 설사 그렇게 된다고 해도 그것은 조작된 것으로 눈가림에 지나지 않는다.

사람이 자연 속에서 영원한 복락을 누리며, 무한한 은총 속에 살기 위해서는 창조주 하느님께서 베풀어주신 대자연의 섭리에 순응하며, 온갖 물상을 소중히 가꾸고 관리하는 머슴의 도리를 다해야 한다.

천주께로부터 사랑의 생명을 부여받은 우리가, 주인이신 천주께서 베풀어주신 은혜의 소산인 자연을 스스로 망가뜨리는 행태는 저주받아 마땅하고, 또 재앙 받아 마땅한 배은의 짓거리이다.

개발이라는 미명으로 곳곳에서 자행되고 있는 자연의 파괴는 분명히 교만하고 방자한 탐욕적 행위이기 때문에, 하루 속히 수정되고 또 포기되어야 한다. 이제부터라도 자연파괴에 대한 진정한 회개와 통회가 불꽃처럼 일어나지 않는다면, 예측컨대 인류 종말의 화를 면키 어려울 것이기 때문이다.

우리 후손들의 복락과 안녕을 위해서도 더 이상 제 살 베어 먹는 어리석은 짓은 멈춰져야 한다. 요즘같이 건강에 각별한 신경을 쓰는 이들이 많은 때에 환경오염으로 인한 생존환경의 파괴를 대수롭잖게 여기는 것은 아무리 생각해도 여간한 아이러니가 아니다. 그래도 푸른 산, 맑은 물, 해맑은 하늘이 존재하기에 아직까지는 맑은 공기를 마실 수 있고, 신선한 물로 목을 축일 수 있으며, 그나마 윤택한 삶을 영위하고 있다. 그러나 언제까지도 이럴 수 있으리라고 누가 보장하겠는가.

무너진 막장에 갇혀서야, 주체할 수 없는 쓰레기더미를 이불로 덮고 누워서야, 물이 썩어 한 모금의 물을 찾아 삼만 리를 헤매야 하는 처지에 놓여서야 자연 보존의 필요성을, 그리고 그 소중함을 깨닫는다면 그때는 늦어도 한참 늦어, 기다릴 것은 죽음밖에 없는 상황에 이르게 된다.

지금도 천주께 향한 사랑의 채무자인 우리가 더 이상 그 분의 가슴에 징을 박고, 스스로 생명줄까지도 끊어버리는 철부지 짓을 계속한다는 것은 너무나 잔인한 불효이기 때문에, 스스로 제 몸 포박을 짓고 상응하는 벌을 기다려야 마땅하다. 이젠 오로지 죽어가는 자연과 인간성을 되살리는 데 모든 힘을 경주해야 한다. 그것이 그 동안 저지른 죄에 대해 속죄를 구하는 일이 될 수 있기 때문이다. 또한 이렇게 해야 만이 그나마 깊은 상처로 아파하시는 천주께 통회와 회개를 통한 보속을 구하는 일이 될 수 있기 때문이다.

우리는 자연과 더불어 살아가야만 건강한 삶을 이어갈 수 있다. 자연은 우리에게 최상의 보금자리인 동시에 영원히 뿌리내리고 살아야 할 터전이기 때문이다. '흙에서 왔으니, 흙으로 돌아갈 것을 생각하라'는 말은 바로 이를 두고 이르는 말이다. 아울러 이웃과 사랑으로 함께 살아가는 것은 천주의 자녀된 우리의 당연한 덕목이다.

가수원에 둥지를 틀고 사는 나와 내 가족 그리고 이웃들은 다행히 아직까지는 건강하고 아름다운 이웃인 청산벽계를 든든한 배경으로 삼고 큰 어려움 없이 지내고 있다. 그러나 언제 그와 남이 되어, 등을 돌리고 살아야 할지는 누구도 알 수가 없다.

이제 우리도 진정한 이웃— 멋쟁이 구봉산과 푸른 내 갑천, 그리고 넓은 들과 그 안에 숨쉬는 온갖 생물들을 애정을 쏟아 보살피고, 지키는 참사랑을 실천하는 일에 인색하지 말아야 한다. 그리하여 자연의 아늑한 품안에서, 천생연분의 인연을 소중히 지키며, 청정한 삶을 지속적으로 가꾸어 나가야 한다. 그렇게 살아가는 우리와 천주께서는 늘 함께 하실 것이기 때문에, 그렇게만 될 수 있다면 이곳이 바로 천국이 아니고 무엇이겠는가. 그럴 수 있는 날과, 그런 우리의 모습을 손꼽아 기다려 본다.

텅 빈 고행, 그 외로움

해마다 이 나라 전통 고유의 명절날이 돌아오면 우리는 조상에 성묘하고 차례를 지내고 웃어른께 세배 드리며 가족 친지와 자리를 같이하기 위하여 고향을 찾는다. 고향은 누구에게나 어머님 품속 같이 따사롭고 아늑한 곳이다. 그러기에 고향은 피곤한 삶을 살아가는 현대인에게는 더욱 잊을 수 없는 향수의 대상이요, 심신(心身)의 안락처가 되는 곳이기도 하다. 이러한 고향은 두말 할 필요 없이 회색빛깔의 도시보다는 풀 내음, 꽃 내음, 풋풋한 인정이 넘쳐흐르는 시골일 경우가 더욱 고향답다. 그러므로 도심지 빌딩숲을 이루는 아파트 단지가 고향이거나. 마음대로 찾아볼 수 없는 저 동토의 북녘땅이 고향인 경우는 제대로의 고향 맛을 느낄 수 없다.

은혜 충만한 이 땅에 사는 이 겨레 한배 겨레 저마다의 가슴 속에 진한 향수로, 혈육의 뿌리를 이어주는 한마당으로 존재하는 고향이 오늘날 점차 고향의 참 모습을 잃어가고 있다. 더욱 텅 빈 고향, 우리들의 갑돌

이와의 연분홍 연정, 해맑은 사랑을 찾아볼 수 없는 지식 그립고 사람 그리운 노인들만 숨 쉬는 쓸쓸한 고향, 무섭도록 고요한 외로움만 휘도는 고향으로 되어가고 있다.

참으로 안타깝다.

해마다 명절이 되면 수백만에 이르는 고행 찾는 자식, 며느리 손주 녀석들로 하여 우리는 외로운 고향, 황혼으로 서러운 노부모님들이 힘겹게 붙들고 있는 겨울(노부모들이 사는 인생의 계절)의 고향은 자못 봄날처럼 따사로움에 잠긴다.

그러나 봄날같은 따사로움의 정경은 일순간일 뿐 후조 같은 자식 며느리 손주 녀석들이 떠나간 우리들의 고향은 또다시 삭풍 부는 차가운 고향으로 변하고 우리들의 노부님들은 북적거리던 여운이 남기고 간 새로운 외로움으로 더욱 서럽다. 도대체 우리들의 고향은 그 속에서 인생의 겨울을 준비하는 노부모들은 언제까지나 잠시 머무르는 여인숙으로 자식 그리움의 서글픈 신세로만 존재해야 한다. 우리는 이 이상 우리의 고향을 텅 빈 고향, 고독으로 서러운 고향으로 팽개쳐 둘 순 없다. 이제부터라도 우린 우리의 고향에 물질과 경제의 부(부)를 일으켜 정신과 물질의 조화된 풍요 속에 부모 자식이 사랑끈으로 함께 살며 이웃사촌간에 춘풍대인(春風待人)하는 따사로운 인정으로 사는 아름다운 고향을 만들어 나가야 하겠다.

초겨울에 진달래가 피는 까닭은

구봉산 오르는 오솔길 숲속에 봄에만 피는 줄 알았던 진달래꽃이 꽃망울을 터뜨렸다. 초겨울에 진달래 꽃망울을 볼 수 있다니, 그야말로 신기한 노릇이 아닐 수가 없었다. 봄에 코스모스가 핀 것을 보고 화제가 된 적이 있는데, 이건 또 무슨 일인가 하여 단지 상서롭게만 보이지 않았다. 꽃 핀 것을 보고 싫어할 이가 어디 있겠냐만, 계절을 잃어버린 것 같아 씁쓸했다. 때 아닌 계절에 꽃이 만개해 간다는 것은 자연 순환에 뭔가 이상의 징조를 보이고 있는 것 같아서였다. 더구나 흔히들 말하기를, 이런 현상이 나타나면 사람살이에 알게 모르게 재앙이 일어난다고 하지 않던가.

사실 요즘 보면 지구촌 곳곳에 이상한 일들이 빈번하게 돌출하고 있고, 나라 안도 예외가 아님을 보게 된다. 엘리뇨니 라니뇨니 하는 현상 따위 등으로 인해, 그 옛날의 노아의 방주를 연상케 하는 대홍수가 일어나기도 하고, 갑자기 사막이 만들어지는가 하면, 한해가 속출하기도 하고, 지진이 나 경천동지하는 일이 생길 뿐만 아니라, 원인 모를 화재가 발생하여 대규모의 산림이 한순간에 잿더미로 변해 버리는 일은 물론, 기근이 들어 심각한 식량난이나 식수난을 초래하는 일이 심심찮게 벌어지고 있는 것이 사실이기 때문이다. 이른바 지구촌 곳곳이 유래 없는 큰 재앙을 겪고 있다는 점은 무슨 조짐이 나타나기 시작한 것 같아, 불안하기까지 한 것이 사실이다. 때문에 인심은 날로 흉흉해 가고, 사람살이는 피폐해져 그야말로 아수라장이 되어 가고 있다.

오늘의 이와 같은 모든 변화는 따지고 보면, 바벨탑을 쌓아 감히 하늘에 도전하려는 어리석고 교만 방자한 인간의 탐욕이 빚어낸 자업자득이라고도 볼 수 있다. 창조주 하느님께서 원죄를 안고 사는 우리네 인간들을 위하여, 사랑과 정성을 다해 만들어 주신 삶터를 원칙도 없이 개발이라는 이름으로 마구 뒤흔들어 놓은 결과가 오늘의 이 크나큰 변란을 불러온 원인이 아닌가 생각해 본다.

모든 일에는 그 나름의 순리가 있는 법이고, 이를 따르는 것이 곧 질서인 것이다. 없는 것을 굳이 만들어 부담을 더할 필요는 없으매, 분명히 존재하는 것을 인정하지 않고 없애야 한다고 목청을 돋우기 때문에 혼란이 생기는 것이다. 이 나라의 민주체제를 송두리째 흔들 수도 있을 이념 색깔 논쟁, 인구에 회자되는 진달래 찬양의 떠벌림도 대표적인 주체성 결여의 황당함 때문이 아닌가 한다.

제발 이제부터라도 우리네 모두가 하느님 앞에서 뿐만 아니라 사람들에 대해서도 겸손과 공손함을 실천하여 아름다운 사람살이 그리고 세상살이를 만드는 데 온 정성을 다해, 이 어지러운 세태를 극복하고, 그야말로 사는 것처럼 사는 그런 나날이 되었으면 좋겠다.

구봉산 연가(戀歌)

어제보다는 오늘, 오늘보다는 내일 더욱 더 풍요로운 삶을 누릴 수 있기를 희구하는 것은 인간의 간절한 바람 중에 하나일 것이다. 그런데 이런 욕망이 너무 지나친 나머지 사람들은 스스로 파멸의 길을 행복에 이르는 첩경인 줄 알고, 정신없이 그 길을 따라 질주하고들 있다.

문명의 속성은 편리함에 지나지 않는 것일 뿐, 그 이상의 근원적 가치를 지니고 있는 것이 아니다. 창조주 하느님께서 만들어 무상으로 대여해 주신 소중한 자연이 그 본래의 자정능력을 상실한 채 파괴를 거듭해, 장래를 예단키 어려운 지경에 이른 것이 오늘의 현실이다. 이와 같은 자연 파기의 현상은, 서로 대갚음으로 맞서는 '보복지리(報復之理)'의 한 형태라고 볼 수 있다.

나와 내 사랑하는 처자가 하느님의 은총을 먹고, 동아리를 이루어 살아가는 곳 — 산수 좋기로 이름난 가수원도 사실 예외가 아니다.

쾌적함이 예전 같지가 않다. 얼마 전만 해도 아파트에서 나와 몇 발짝만 내디디면, 청정한 신록의 향연이 영육의 때를 말끔히 씻어주던 솔숲이 있었다. 그러나 이젠 그 흔적조차 찾아볼 수가 없게 되었으니, 안타깝다라는 말밖에는 다른 말이 생각나지가 않는다. '대전 서남권 개발'이라는 미명 아래 솔숲이 파헤쳐져 없어졌기 때문이다.

눈 아래 그윽하게 펼쳐지던, 아름다웠던 가수원의 시골스러운 멋은 사라지고, 차량들이 질주하며 뿜어내는 배기가스, 공장굴뚝을 끌고 올라갈 정도로 치솟는 유독성 연기, 그리고 썩은 양심을 보는 듯한 각종 오폐수, 소음공해 등으로 가수원은 지금 심한 몸살을 앓고 있다. 사람도 못 견딜 정도니, 말 못하는 자연의 고통이야 오죽하겠는가. 참괴함으로 인해 고개를 들 수가 없을 정도이다.

그러나 '궁즉통(窮卽通)'이라고 하였던가. 참으로 다행인 것은 가수원의 자존심을 유지케 하는 심벌인, 대전 팔경 중 으뜸으로 손꼽히는 명산 '구봉산'이 있음으로 해서 미적 심성과 육신의 건강을 아직까지는 지켜주고 있으니, 진솔한 하느님의 선민으로서의 혜택을 무한히 받고 있는 것 같아, 내심 고마움을 표하고 싶었던 때가 한두 번이 아니다.

분명히 우리의 명산 구봉산은 우리에게 있어 영육 간의 강건함과 막역지우처럼 편안함을 느끼게 하는 주님께서 베풀어 주신 사랑의 선물, 그 알파이면서도 또 오메가가 되는 자체라고 할 수 있다.

구봉은 가수원 · 관저동 · 진잠 · 원내동 · 흑석동, 그 외 여러 동리를 아우르고 있는 명산으로, 우선 무엇보다도 산세가 미려하다는 것이 최고의 특징이다. 마치 여러 마리의 낙타가 일렬로 서 있는 듯, 볼록 오목의 형상이 정연하고, 금강과 설악을 축소해 놓은 것처럼 깎아지른 절벽 또한 아름답기 이를 데 없으나, 이들이 목을 축일 명경지수가 없음이 옥의 티라고 할 수 있는 곳이다. 오르고 내림의 반복이 전혀 지루하지 않은, 명산으로서 한 치의 손색이 없는 높이, 또한 과하지도 모자라지도 않아 산행에 더 없이 제격인 산이 바로 구봉이 아닐까 한다.

누구나 공감하고 있는 바처럼, 현대인에게 산행만큼 좋은 운동은 다시 없을 것이다. 특히 도회에 사는 이들 —치열한 삶의 현장 속에서 사람 공해로 녹초가 되고, 일에 볶여 정신을 잃을 지경이며, 환경 공해로 인해 육신이 숯검정이 되어 가고 있는 사람들에게 더없이 좋은 것이 바로 이 산행이다.

산에는 청정한 풀과 나무 · 바람 · 구름, 그리고 때 묻지 않은 공기가 있어 누구나 찾아만 가면 그것들을 마음껏 만끽할 수 있다. 뿐만 아니라, 산에 들어서면 계절에 맞춰 온갖 새소리, 매미소리, 풀벌레소리, 그리고 이름 모를 소리들이 저마다 맨발로 뛰어나와 반색을 한다.

어디 이뿐이겠는가. 진달래꽃 · 철쭉 · 개나리 · 산벚꽃 · 구절초를 비롯하여, 온갖 꽃들이 형형색색으로 무리를 지어 아름다움과 함께 향기로움을 발산하니, 아무리 무딘 사람이라도 흥취가 절로 일어 생기를 되찾게 된다. 여기에 부끄러운 듯 살짝 고개 내민 아기고사리며, 송홧가루 날리는 오뉴월 솔잎은 물론, 철따라 밤송이 · 도토리 · 상수리며, 다람쥐 그리고 인기척에 놀라 푸드득 날아오르는 꿩과 산비둘기…. 울울빽빽해, 크게 자라지 못한 나무 사이로 터널처럼 나 있는 외길을 따라 호젓함을 즐기다, 마주치는 사람들과 건네는 눈인사 또한 산행의 기쁨을 더해 주는 것 중에 하나이다.

산을 오르내리는 과정에서 인생행로의 교훈을 얻는 것 또한 즐거움 중에 하나이다. 산행의 고통은 간난신고(艱難辛苦), 곧 인간의 삶 속에서 겪는 그것과 같고, 산행 뒤에 얻는 즐거움 또한 인생의 고진감래(苦盡甘來)의 교훈을 체득케 하는 것 같기에, 산행은 단순한 산행으로서 만이 아닌 삶의 의미나 살아가는 데 필요한 지혜를 터득하는데 여러 가지로 도움이 된다. 특히 산정에 오르면 아니, 구봉의 절정인 구각정에 오르면 비록 잠시일지라도 천하를 얻는 것 같은 기쁜 착각에 젖게 된다. 크고 작은 내와 산야에서 달려오는 물바람 · 산바람 · 들바람과 산 아래 펼쳐진 올망졸망 정겨운 풍광이 호연지기(浩然之氣)로 이어지기 때문이리라. 잡다한 속세를 뒤덮은 운해를 보며, 신선의 경지에 오른 것 같은 기분을 느끼는 것 또한 기쁨 중에 하나라고 볼 수 있다.

수정과 옥구슬같이 해맑지는 않아도, 여러 물고기가 어울려 노는 양이 여유롭고, 노랑나비 · 흰나비 풀섶에 나래 접고, 고추잠자리 · 말잠자리 멋스레 비행하는 시내 갑천이 휘돌아 흐르고, 졸리는 듯 누워 있지만 평화롭기 그지없는 농가들을 보듬어 안으며 넓은 가슴, 아늑한 품속에 온갖 생물을 안으며 솔소리 · 바람소리 · 구름 · 눈 · 비와 벗하며 하늘을 공경히 받드는 말 없는 산, 구봉산이 우리의 곁에 있음은 정녕 신께서 내리신 축복이 아닐 수가 없다.

온갖 잡다함에서 비롯된 번뇌와 갈등으로 얼룩진 세속에서 탈출할 수 있게 해 주고, 육신의 건강을 지켜주는 은총과 자비의 본보기인 구봉은 말없이 은덕을 베푸시는 주님의 표상체가 아닌가 싶다.

탐욕의 끝이 보이지 않는 사람들이건만, 그저 묵묵히 지켜봐 주며 베풂의 미학을 일러주는 산, 구봉산을 대하고 있으면 모든 것이 다 덧없는 애착임을 깨닫게 된다.

그러나 현실은 언제나 이율배반적이어서, 배은의 행태가 끊이질 않는다. 음식찌꺼기, 오물, 쓰레기 따위를 마구 버리고 있으니 이르는 말이다. 심지어는 자신들의 거실을 치장하기 위하여 각종 나무와 난, 그리고 꽃 등을 마구 꺾거나 뽑아가고, 생채기를 내는 등 홀대를 일삼고 있으니, 아무리 좋게 생각하려고 해도 마음처럼 되질 않는다.

이런 망나니 같은 행태는 창조주 하느님께 대한 배은이요, 도전이라고 밖에 볼 수가 없다. 이러고도 어찌 백수 천수 누리기를 소망하는가, 분이 삭혀지질 않는다. 염치없음과 불경스러움이 끝없이 반복되는 것은 죽기를 자청하는 것과 다를 바가 없는 것이다. 우리에게 창조주 하느님께서 사랑으로 만드셔 무상으로 대여해 주신 이 아름다운 자연을 그분의 허락도 받지 않고 막무가내로 홀대하고 구박하는 것은 분명한 월권으로 결코 용서받지 못할 일이다. 우리에게는 오로지 아름답게 가꾸고, 선용하며, 잘 지키는 의무와 책임만이 있을 뿐이다.

산은 포용과 베풂, 겸허와 인자를 가르치는 말 없는 스승에 비유될 수 있다. 산행을 통해서 사랑하는 마음을 키우고, 자연의 섭리를 깨닫는 것만으로도 우리는 그 가르침의 한복판에 서 있는 폭이 된다. 사실 자연과 벗해 영육의 건강을 다지고, 그를 통해 얻은 지혜로 슬기로운 삶을 유지하며 살아간다는 일이 얼마나 아름다운 일이며, 주님의 자녀된 당연한 도리인가. 생각만 해도 벅차오름을 가눌 수가 없다.

사랑이신 하느님! 아버지께 비오니, 저희 어리석은 자녀들에게 사랑과 정성으로 손수 만들어 주신 자연을 훼손하고, 파괴하는 악한 일을 일삼는 자들이 되지 않게 도와주시고, 오로지 바른 일만 정성으로 다하는 선한 자 되도록 한없는 사랑으로 도와주시고, 이끌어 주십시오. 아멘.

봄이 오는 길목

벌써 올해도 2월 중순을 넘어 하순으로 접어들고 있으니, 발 없는 세월이 참 빨리도 흐른다는 생각을 새삼스럽게 하게 된다. 아직 세상은 북풍한설 때문에 옷깃을 단단히 여미고 생활해야 하지만, TV 화면에 소개되는 여수 오동도의 화사한 동백꽃의 자태는 이미 봄이 우리들 집 문지방 앞까지 성큼 다가와 있음을 실감케 하여 공연히 마음을 바쁘게 만든다.

다시 한 번 어김없는 자연의 순환, 그 정연한 질서에 외경심이 절로 인다.

삭막하기 이를 데 없는 우리네 삶에 이처럼 아름다운 봄의 향훈이 연분홍 미소로 다가와 벗이 되어 줌은, 분명 신의 배려에 따른 선처라고 보아야 할 것이다. 그저 이런 축복의 나날이 일 년 내내 지속되기를 빌 뿐이다. 그러나 우리가 당면하고 있는 현실은 늘 기대하는 바처럼 여유롭지를 못해 더욱 우리를 안타깝고, 또 우울하게 만든다.

척박한 인심에 따른 반목과 질시, 그리고 갈수록 늘어나는 부패의 실상으로 인해 민심은 날로 흉흉해져 거의 절망의 상태에 이르고 있다. 아울러 세대 간에 심한 인식의 격차 역시 극복해야 할 현안인 만큼, 이에 대한 대비책도 마련되어야 할 것이다. 사실상 이 모두는 국민을 감동시킬 수 있는, 설득력 있는 대안을 제시하고 있지 못하는 정치 지도력의 부재가 만들어 낸 결과라고 볼 수 있다. 국민을 오욕의 늪에서 벗어나게 하고, 바른 사람의 의미와 가치를 앙양할 수 있는 철학을 개발해 국민을 계도하지 않는 한 현실은 점점 저 도탄에 빠지고 말 것은 불을 보듯 뻔한 일이다.

개인의 야욕을 채우기 위해 대의를 저버리는 이기적 속성을 정치권이 솔선해서 벗어 던지지 않고, 국민들에게만 이를 종용하는 태도로는 어떠한 개선도 사실상 기대할 수 없을 뿐만 아니라, 또 기대해서도 안 된다. 이는 결국 고양이에게 생선가게를 송두리째 내맡기는 꼴이 될 테니 말이다.

지도층 인사에 대한 국민들의 감정은 거의 치유가 불가능할 정도로 차갑다. 머지않아 정치권에 몸담고 있었다는 사실이 치욕으로 느껴져 이력에서 지우려고 애를 쓰는 날이 올지도 모른다. 이 얼마나 안타까운 현실인가.

우리 한배겨레 참배겨레가 어쩌다 그 순수하고 아름다웠던 마음을 잃고, 악마구리가 되어 서로 물고 뜯는 이리떼 같은 존재로 전락했는지, 우울함을 떨쳐버릴 수가 없다.

나 역시 한국인의 한 사람으로서, 이 새 봄에 모두가 마음을 깨끗이 함은 물론, 서로 한 발씩 물러나 불신과 반목 그리고 질시의 벽을 허물고 다시 태어나기를, 만나는 이마다 권하고 싶다.

이것이 우리 참배겨레 한배겨레가 최고의 민족 집단으로 동아시아뿐만 아니라, 세계 속에 다시 서는 길이 될 것이다.

한 사람 한 사람의 마음에서 일어난 이 조그만 다짐이 우리 땅 전체로 번져나길 간곡히 빌어 본다.

뻐국새 우는 마을, 가수원에 사는 뜻은

한밭의 서남부권에 위치한 가수원— 가수원은 도회지이면서도 목가풍의 전원적 멋스러움을 한껏 자아내는, 참으로 살맛나는 삶터이다.

사통팔달 교통의 요충지는 아닐지라도, 아무런 왕래의 불편함을 느낄 수 없는 곳이고, 도심으로 들어가거나 지방으로 나가는 길목에 위치하고 있어, 들고남에 있어 아주 편한 곳이다.

인근의 대자연 마을은 원앙마을로 명명되는 아파트촌이 그림같이 자리하고 있고, 관저 2단지 대단위 아파트 공사가 한참 진행 중이기에 서남권의 역동적 중핵도시로 발돋움하는 일신우일신(日新又日新) 발전일로를 걷고 있는 새로운 모습의 지역이기에, 또한 새롭다.

회색빌딩의 아파트 숲이 마치 열병이라도 하고 있는 것같이 직각으로 서 있는가 하면, 전원적 아름다움을 자아내는 개인 주택들이 색색으로 멋스럽게 들어서 있는 그런 마을이다.

영육의 건강을 도모하는 교회와 사찰이 곳곳에 있고, 초 · 중 · 고등

학생들의 지적인 목마름을 해갈할 수 있는 각종 학교가 곳곳에 산재해 있어, 어디를 가나 청순한 학생들의 모습을 만날 수 있는 곳이다. 육신의 아픔을 예방하고, 치유할 수 있는 가수원은 문화적으로 타 지역에 손색이 없는 풍요로운 마을이다.

우선, 타 지역보다 다목적 기능을 충분히 살릴 수 있는 심신 수양의 공간인 도서관과 거리시장은 이 지역을 대표하는 명물 공간으로 어디에 내놓아도 거의 손색이 없다. 특히, 시장은 값싸게 생필품을 구할 수 있는 곳으로, 노상 성시를 이루고 있어 언제라도 찾기만 하면 볼거리며 먹거리들이 풍성해, 보기만 해도 부자가 된 것 같은 착각이 이는 그런 곳이다. 이런 시끌벅적한 시장의 모습은 생동감이 넘치는 삶의 현장으로, 다시 더 없는 인생교본의 몫을 한다.

또 한두 집 건너마다 있을 정도로 장사진을 이루고 있는 밥집이나 술집, 그리고 노래방 등은 풋풋한 인정을 밥이나 안주 삼아 하루의 피곤을 잊으려는 이곳 사람들의 위락 공간으로 절대적인 각광을 받고 있는 곳들이다. 자칫 환락과 방탕에 탐닉될 수도 있을 대규모의 룸살롱이나 단란주점, 디스코텍, 락카페, 카바레 같은 시설들이 여기서는 자리를 잡지 못하는 것은 그런 것들은 이곳 인심과는 어울리지 않기 때문이리라. 대규모의 호텔이나 장급 여관 따위가 없는 것 역시 이곳 가수원의 주거환경을 병들게 하지 않는 요인이 되고 있다. 그러나 그런 속에서도 놀이공원이나 헬스클럽과 같은 시설들이 제 나름의 역할을 담당하며 번창하고 있는 것은 가수원 주민들의 생활 태도를 반영하고 있는 한 예로 보아도 좋을 것이다. 그러나 이런 것들 때문에 가수원이 살맛나는 삶터라고 한다면, 이는 그야말로 빈약한 찬사에 지나지 않을 것이다.

가수원이 살맛나는 삶터로서 손색이 없는 이유는, 무엇보다도 목가풍의 멋스러운 정경 때문이다. 사시사철 가수원을 휘돌아 흐르는 갑천과 대전 팔경 중 으뜸으로 치는 수려한 구봉산이 자리하고 있음으로 해서, 가수원의 멋은 몇 배 더 증가된다.

갑천에는 쏘가리 · 뱀장어 · 자라 · 다슬기가 숨쉬고, 이외에도 많은 종류의 물고기들이 떼지어 생을 구가하고 있다. 강기슭에는 나비나 잠자리떼가 원무하고, 메뚜기가 무리를 지어 뛰논다. 또 도심 속에서는 들을 수도 없는 개구리와 맹꽁이 우는 소리가 귀를 채우고, 여치소리 등 풀벌레 소리가 잡사에 찌든 마음을 청아하게 만든다.

또한 가수원에는 내 어릴 적 모습같이, 동네 아이들이 물장구를 치거나 모래성을 쌓고, 썰매타기나 팽이치기 등, 도심의 다른 하천에서는 볼 수조차 없는 향수 어린 모습들이 아직도 아름답게 연출된다. 이렇게 아름답고 물 맑은 푸른 내, 갑천이 가수원을 감싸고 휘돌아 흐르고 있으니, 가수원은 이름 그대로 아름답고 물 맑은 마을임에 틀림이 없다.

또 가수원을 포근하게 품어 안고 있는 구봉산은, 대전시민은 물론이거니와 인근지방, 나아가서는 먼 지방사람들로부터도 사랑을 받고 있는 명산이다.

구봉산 산행이 시작되는 산 및 빼울 약수터에서 약수를 한껏 마시고, 산을 오르는 기분은 실제로 느껴보지 않고서는 그 맛을 실감할 수가 없다.

헬기장을 거쳐 팔각정에 올랐다. 구봉농장과 방동저수지를 거쳐 다시 하산하는 산행코스는 정말 환상적이라고 할 정도로 경관이 수려하다. 잡목들이 더러 있기는 하나, 대부분이 솔숲으로 이어져 있어, 그 아늑한 맛이란 어떠한 말로도 표현이 불가능할 정도이다.

삽상한 맛이라고나 할까, 아니면 그윽한 멋이라고 할까. 하여튼 맛과 멋이 모두 어우러진 그런 것이다.

구봉산을 오르거나 내려오다 보면, 애틋한 사실 하나를 확인하게 된다. 예전 그 어느 산에서나 흔히 볼 수 있었던 토종 다람쥐가 전혀 눈에 띄지 않고, 대신 청설모가 아주 많아져 영화를 구가하고 있다는 것이 그것이다. '굴러온 돌이 박힌 돌을 뽑아 버린다.'는 말은 바로 이런 경우를 두고 한 말일 것이다. 귀엽고 앙증맞은 토종 다람쥐들을 언제 다시 볼 수 있을지, 문득 그리워지기까지 한다. 어쨌든 인기척에도 아랑곳하지 않고, 숲속 이리 저리를 까불거리며 종횡무진 쏘다니는 청설모의 태평스런 정경을 볼 수 있음도 그나마 다행이다.

까치, 때까치, 미투리, 장끼 등을 비롯하여 이름 모를 뭇새들이 여기저기에서 마치 숨바꼭질하듯, 한유로이 노니는 모습은 원시의 한 공간 안에 들어와 있는 것 같아 더 없이 좋다. 이 산 저 산을 옮겨 다니며 애달프게 지저귀는 뻐꾸기들의 청아한 울음소리를 들으며, 청솔내음 물씬 나는 솔숲을 거니는 여유로움은 그 자체만으로도 여간 아름다운 것이 아니다.

우리 가수원의 자랑이요, 심볼인 구봉산에 봄이 오면, 산야는 삽시간에 연분홍이나 노란빛으로 물들어, 한바탕 잔치가 펼쳐진다. 흥성함이라고 하는 것이 어떤 것인가를 맛보게 되는 자리인 것이다. 흐드러지게 핀 진달래나 할미꽃 그리고 개나리… 등, 이루 헤아릴 수도 없을 정도의 꽃들이 서로 어울려 축제를 벌이기 때문이다. 나는 가끔 그런 정경을 보며, 무릉도원을 연상하곤 한다.

여름이면 신록의 짙은 그림자로 인해, 웬만한 더위쯤은 까맣게 잊고 살 수가 있다. 이때가 바로 이 곳, 구봉산의 절정기인 것이다.

서풍이 불어오기 시작하는 가을이 되면, 숲 속의 크고 작은 생명체들은 그 동안의 왕성한 활동을 조금씩 멈추고, 가을 채비에 들어간다. 자연의 이법과 순리에 순응한다고 하는 것이, 과연 어떠한 것인가를 생각하게 하는 때가 바로 이 즈음이다. 푸르름으로 성장을 하고, 활기찬 기세로 일관하던 수목들이 갑자기 무슨 죄라도 지은 것처럼 황갈색 옷으로 모습을 바꾸고, 고개를 숙인 채 심판을 기다리고 있는 듯한 정경은, 한편으로 보면 을씨년스럽기까지 하지만, 이런 것이 바로 겸손의 미학이 아닌가 하는 생각을 하게 된다. 구봉산은 이처럼 생명의 유무를 가리지 않고, 치마폭과 같은 넓은 자락으로 산에 존재하는 모든 것들을 품어 포용하면서, 자비스럽고 인자한 사랑을 베푼다.

구봉산 자락에 겨울이 오면, 그 아낌없이 베풀던 사랑을 거두고 산은 매정할 정도의 깡마른 모습을 여지없이 드러낸다. 이른바 혹한기 훈련이 시작됨을 알리기 위한 것이다. 사람도 역시 마찬가지지만, 스스로 강해지지 않으면 결코 자기를 견고히 지켜할 수 없다는 지엄한 삶의 원리를 가르치기 위해, 산은 이렇게 무장된 모습으로 자신의 실체를 드러내는지도 모른다. 그러나 겨울이라고 해서 산이 그의 휘하에 있는 모든 존재들을 향해, 고통만을 체험하도록 강요하지는 않는다. 흰옷을 입은 청순하고 수려한 면모를 내보임으로써 황홀한 아름다움이 과연 어떠한 것인가를 보여주며, 청아한 면모를 과시하기도 한다.

이렇듯 철마다 다른 면모를 연출하는 빼어난 명산의 모습을 의연한 자태로 바라보면서, 깊은 명상에 잠겨 있는 것이 바로 구각정이다.

가쁜 숨을 몰아쉬며 구각정에 오르면 손에 닿을 듯, 끝없이 잇달으며 펼쳐지는 수많은 봉우리들의 장관은 그야말로 신선된 듯한 기분을 자아내게 한다. 산자락을 따라 옹기종기 모여 누워있는 집채들은 보기에도 너무 정겨워, 달려가서 함께 누워보고 싶을 정도이다. 집채들 사이로 난 몇 줄기 샛길을 따라 오가는 사람들의 모습과 역시 쉴 새 없이 분주히 움직이는 크고 작은 차량들의 물결은 저절로 생동감을 일게 하여, 모두들 나름의 역할을 다하고 있는데, 나 혼자만 멈춰 서 있는 것 같은 소외감 같은 것을 느끼게도 한다.

바삐 움직여야 겨우 연명할 수 있는 고단한 사람살이— 그러나 열심히 살아가려 애를 쓰고 있는 모습만큼, 아름다운 정경이 더 어디에 있겠는가. 일확천금을 노리고 증권거래소나 드나들고, 투기에 눈이 어두워 공연한 허세에 들떠 있는 사람들에 비하면 사실 얼마나 인간적인 모습인가. 문득 '어떻게 사는 것이 사는 것처럼 사는 것이며, 또 아름답게 사는 것인가?' 하는 문제에 대해 스스로 답을 마련하기 위해 이런 저런 생각에 잠기다 보면, 나도 모르게 숙연해져 한없는 상념에 젖어 있는 나를 발견하게 된다. 잡념들을 애써 털어버리고, 다시 바라보는 구봉산— 언제 보아도 든든한 모습에 한없는 애정이 솟구침을 주체할 수가 없어, 나도 모르게 이유 없이 눈가에 눈물이 어릴 때가 있다.

사실 나는 산세 수려한 구봉산을 오르내리며, 그 동안 너무나 많은 것을 얻기도 했고, 또 잃거나 떠나보내기도 했다. 별의별 형태로 닥쳐왔던 어려움을 이겨낼 수 있었던 것은 모두가 산이 나에게 가르쳐 주었던 지혜의 덕이었으며, 알량하나마 얻어 지니고 있는 것 또한 산이 나에게 귀띔해 준 덕으로 갖게 된 것들이다. 그러나 잃거나 떠나보낸 것은 세월과

눈이 맞아 내 곁을 떠난 내 젊음뿐이니, 산을 원망할 일은 아닐 것 같다.

예전 어느 철학자의 지적대로 '산은 우리의 말없는 스승이다.'

나는 구봉산 자락, 뻐꾹새 우는 산수 수려한 가수원 동네에 사랑의 둥지를 틀고, 매일매일 해맑은 공기를 마시며 늘 기쁜 마음으로 살아가고 있다. 아름다운 자연환경 속에서 인정미 넘치는 사람들과 어울려 더불어 살아가고 있다는 사실이 여간 자랑스럽고 행복한 일이 아니기 때문이다.

며칠을 생각해도 가수원은 역시 대전에서도 제일가는 목가풍의 아름다운 전원마을인 동시에 결코 촌스럽지 않은, 진짜 살맛나는 동네다.

여유가 행복을 만듭니다

이 시대 우리 사는 세상은 마치 제동장치가 고장난 기관차처럼 건잡을 수 없이 내닫는 형국이다. 개인이나 집단이나 오로지 알 수 없는 앞을 향하여 열심히 치닫고 있다. 끝닿는 곳이 어디이며, 또 그 어디가 행복의 화원인지 아수라의 장인지도 일체 모르면서 그저 달리고들 있다. 무아지경의 상태로……. 우정 이 세상은 짐짓으로든 얼떨결이든 잠시라도 게으름을 피우거나 넋 놓고 있다가는 여지없이 낙오되어 헤매기 십상인 세상이다. 정녕 아찔할 정도로 무서운 세상이다.

이런 풍조의 세상살이에 아름다운 인정이 꽃필 수 없음은, 씨 뿌리고 가꾸지 아니하였으니 결실 또한 있을 수 없음과 같다. 오로지 살아남기 위한 치열한 경쟁과 피 터지는 싸움만이 난무할 따름이다. 또 이 같은 사람살이엔 수단 방법을 가리지 아니하는 이김의 목적 달성을 위한 소피스트들과 같은 교언적 토론과 통렬한 투쟁만 밥 먹듯 할 뿐, 따뜻한 가슴을 여는 정겨운 대화 같은 건 끼니 걱정함처럼 드물기 마련이다. 오늘의 세태는 이러한 풍토를 웅변적으로 보여준다. 이런 사회가 지향하는 공동선은 물질의 풍요에 있다. 물질의 풍요는 그 야누스적 속성으로 정신의 빈곤이 있을 수 있다. 이의 사실적 그림은 우리 삶의 시공에 우리들이 정신없이 그려내고 있는 여러 가지 퇴영적 그림들이 그것이다.

쉴 새 없이 돌아가는 기계도 가끔은 쉬게 해야 잦은 고장 없이 잘 돌아갈 수 있는 것 아닌가. 하물며 사람살이인데……. 정말 가끔은 영육 간 절대적인 휴식이 필요하다. 때로는 정신없이 달려온 길, 잠시 멈추고 뒤를 돌아보며 올바로 달려온 것인가도 마땅히 확인해볼 필요가 있을 것이다. 또 때로는 짐짓 만사 제쳐 두고 세상 두 쪽이 나도 모를 지경의 잠보도 될 필요가 있다. 또 때로는 자신의 일가붙이들의 연민을 잊게 하는 작별도 가질 필요도 있다. 정말 요즘 같이 바삐 돌아가는 세상에 일부러라도 게으름 피우는 여유로움을 갖지 않고서는 미치지 않을 수 없는 형편에 놓여 있는 게 엄연한 사실이다. 사실 말이지만 물정 없이 뛰어 가는 길 좀 쉬어 간다고 해서 세상 어찌되는 것도, 지구의 종말이 오는 것도 아니거늘 왜들 그리 바쁘게들 살아가는지, 정말 알다가도 모를 일이다.

사실 정신없이 돌아가는 세상일수록 아주 잠깐만이라도 제정신을 추스를 수 있는 영육간의 여유를 가져보는 슬기로운 삶이 절대적으로 필요하다. 여유가 행복을 만들어낸다는 보편적 진리를 왜들 잊고 사는지 답답하기만 하다. 아니 되겠다. 먼저 별다른 존재도 아닌 나라도 괜스런 바쁜 생활의 굴레에서 짐짓 벗어나 보는 천치 짓(?)을 해봐야겠다. 하여 천치 짓, 그 제일의 절친한 벗으로 존재하는 게으름을 불러들여 내 스스로 참다운 희열을 맘껏 누려봐야겠다.

아름다운 상춘문화

4월 초입, 완연한 봄기운이 장만한 마술로 우리 사는 동네의 산과 들은 온통 꽃 대궐, 한마당 잔치가 펼쳐지고 있다. 연구실에서 바라볼 수 있는 캠퍼스 안팎의 풍경도 그렇다.

진달래, 개나리, 벚꽃, 매화, 목련화, 배꽃 등 보기만 해도 저절로 탄성을 자아내게 만드는 아름다운 꽃들로 잔치 한마당이 펼쳐지고 있으니 말이다. 이 너무도 아름답고 황홀한 꽃들의 향연은 설명할 수 없는 신비스런 자연의 선물이다. 자연도 하느님이 지으신 것이고 보면 오로지 만왕의 군왕이신 하느님이 베푸신 은총의 장관이 아닐 수 없다.

어리석은 인간 군상으로 절대로 흉내낼 수 없는 장관이기에 더욱 절절한 마음으로 무한 감사를 바치는 속에 꽃 대궐의 한마당 잔치를 즐겨야 함이 옳다. 싱그럽고 화사하기가 그지없는 꽃봄 속에서 꽃의 속내를 읽으며 꽃과의 그윽한 대화 속에 우리 세속적 삶의 찌들어진 정서를 순화시키는 즐거움을 가질 수 있는 건 분명 행복한 일이다.

모름지기 늘상 활력 넘치는 생활을 위해서라도 꽃대궐을 즐겨 찾는 가운데 즐거움을 한껏 누려본다는 것은 참으로 슬기로운 노릇이다. 문제는 어리석기 그지없는 행락의 행태다. 건전한 상춘(賞春)을 망각해서 자신과 아름다운 자연환경을 망가뜨리고야 끝이 나게 되는, 몰지각한 상춘의 행태가 우리의 아름다운 상춘 문화에 흠결을 낳는다.

연구실 밖에 한 폭의 아름다운 수채화로 그려지는 꽃대궐의 향연을 바라보며, 올해만큼은 상춘문화에 상처 입히는 어리석은 행락객의 철부지 행태가 자행되지 않았으면 하는 바람을 가져본다. 번연히 어리석은 기대일 줄을 알면서도 말이다.

올해는 지구촌의 온 시선이 집중되는 〈월드컵〉이 이 땅에서 펼쳐진다. 우리는 이번 기회에 자랑스런 미풍양속을 유감없이 보여줘야 한다. 이것이 올해 우리에게 자연적이고 필연적으로 주어진 거룩한 의무다. 아무튼 하늘이 특은으로 주시니 우리의 꽃대궐, 꽃동네, 꽃마음을 이해하는 우리가 되었으면 싶다. 자연의 아름다움을 그대로 지켜가는 가운데 한껏 즐기는 상춘이기를 주님께 빌 뿐이다.

가을빛 삶 속에

백로(白露)가 지나고 추석과 추분(秋分)이 얼마 남지 않은 절기여서 그런지 이젠 가을빛이 짙다. 하늘빛도 그렇고 산과 들녘도 그렇다. 태풍 '루사'가 이 땅의 수많은 사람들의 삶과 터전을 엉망진창으로 만들어 놓은 즈음이건만 해맑은 가을빛은 얄밉도록 더하다.

이 땅의 가을은 수고로움의 땀이 만들어내는 결실이 있어 좋고, 하느님의 은총이 무한히 베푸시는 먹거리, 입을거리, 잘거리의 넉넉함이 좋고, 대자연이 자아내는 아름다운 산수화를 볼 수 있어 좋다. 이를테면, 농자들의 영롱한 땀방울로 만들어 낸 황금빛 융단의 들녘을 보면서 만끽할 수 있는 풍요로움이나, 우리의 산하에서 얼마든지 풍요롭게 얻을 수 있는 이용후생의 산물들, 황홀경의 진수(眞髓)에 하나 되는 다채색 단풍이 그려내는 아름다운 절경들, 이와 같이 이 땅에 베풀어진 천혜의 자연환경 속에 선민적(選民的) 삶을 사는 것 같은 것 말이다.

그런데 안타깝게도 2002년 이 가을, 우리의 가을은 풍요로운 가을,

즐길 수 있는 가을일 수가 없게 됐다. 이 가을은 대자연의 재해, 아니 분별없는 인간이 만들어낸 엄청난 재앙으로 우울한 가을, 너무나 슬픈 가을이게 됐다. 온 나라가 쑥대밭이 됐고, 한겨레가 참기 어려운 고통 속에 빠져 있는 통분의 가을이다.

이에 설상가상 격으로 더욱 분통터지는 가을이게 만드는 것은 상처투성이의 수재민이, 절망의 늪에서 허우적거리는데도 제대로 구휼하지 못하는 이 땅의 내로라하는 지도자들의 무능과 관계당국의 불감증적인 위기 상황 인식과 어정쩡한 대처 자세다. 게다가 총체적 국가 재난 사태에 처해 있는 당국이 우선순위 없이 펼치는 정책은 실로 기막히다.

더구나 이 위난의 때에 당국은 한술 더 떠 불요불급한 환상적인 통일사업을 여전하게 펼치고 있다. 도대체 누구를 위한 당국이고 누구를 위한 정책인지 도저히 이해하기 어렵다. 이 같은 이즈음의 세태는 동병상련으로 재난을 극복하는 데 불철주야 애쓰는 시민 모두의 가슴에 대못질하는 격과 다름 아니다.

이제 기온이 아침저녁으로 쌀쌀해지고 있다. 당국은 살을 에는 추운 겨울이 오기 전에 수재민들의 불편 없는 생활과 따뜻한 안식처를 손색없이 마련해 주는 노력에 애씀을 다해야 한다. 이러한 애씀만이 이 계제에 시민으로부터 무능력, 무소신, 무관심으로 오해받고 있는 당국이 오명을 씻고 신뢰를 되찾는 유일한 대안이 된다고 본다.

이렇듯 국민의 생명과 재산을 지키는 거룩한 책임을 열심히 다하는 당국의 노력이 빛을 낼 때에 원치 않던 우리의 이 슬픈 가을은 노을 속으로 사라질 것이다. 우정 바라기는 추수의 많고 적음을 따지지 않고 콩 한 알이라도 반쪽씩 나누어 먹는 아름다운 미풍양속 속에 사는 형제요

자매들이, 한결같이 이 땅의 가을빛 황금 찬란한 자연을 한껏 즐기며 사는 기쁨의 날이 어서 왔으면 하는 거다. 늘 예년의 가을빛 삶 속은 추수할 것과 베풀 것도 많은 풍요로움에 행복했더니 만큼.

첫눈 내리는 날처럼

이제 한 해가 저무는 겨울 자락에 와 있다. 12월초가 되었으니 첫눈이 내릴 법도 하건마는 아직 첫눈이 내릴 기미가 보이지 않는다. 방향(芳香)의 나이가 아님에도 주책없이 첫눈을 기다리는 내 마음 나도 모를 일이다.

그러나 따지고 보면 어디 나이가 들었다 해서 첫눈 오기를 기다리는 것이 뭐 쑥스런 노릇이랴! 고향집 멍멍이도 눈이 내리는 날이면 꽁지 흔들며 그리 좋아하던 것을……. 눈이 오면 눈코 뜰 새 없이 바삐 움직여야 하고 무던히 애를 써야 하는 이들이 많게 된다. 그래도 함박눈이 소담스럽게 내려만 주면 그저 좋겠다는 속절없는 생각을 해본다. 나는.

인간의 끝없는 욕망이 잠시도 쉼 없이 달리는 이 각박한 세속에 눈꽃송이 하늘의 은총이 온갖 더러움을 덮어 주는 날이면 우리의 속내는 얼마나 아름다워지는가! 잠시나마 하던 일 멈추고 멋스런 춤사위로 공중을 수놓는 눈들의 향연에 빠져들게 되면 잡생각은 금세 사라지고 기쁨이 찾아들게 마련이다.

삼라만상이 순백으로 치장되는 장관은 신품(神品)이 아닐 수 없다. 이 같은 신품의 장관을 보면서도 찬탄함과 감흥이 없다면 분명 목석 같은 사람으로 치부될 수밖에 없다. 어쨌거나 점차 금속성 신경질과 짜증, 화증이 늘어만 가는 세속에 다소라도 삶의 즐거움을 가져다 줄 눈꽃송이의 향연을 자주 만끽할 수 있는 겨울이 다가왔다는 건 대단한 축복이다.

더욱 겨울이 우리에게 소중한 까닭은 온갖 생명들이 되살아나는 새봄을 잉태하고 탄생시키는 살아 있는 계절이기 때문이다. 흔히 결실의 계절로 인구에 회자되는 가을은 오히려 죽음을 준비하는 회색의 계절이지만 말이다. 살아온 세월을 회억하면서 살 날이 얼마 남지 않음을 깨닫게 되는 인생 초로를 계절로 치면 엄연한 가을이다.

때문에 인생사에 비로소 피땀으로 공들인 추수의 기쁨 속에 안락을 눈릴 수 있는 황금의 계절인 초로의 시절이 따지고 보면 죽음을 준비하는 가을인 것은 일대 아이러니다. 그러니까 가을은 슬픔의 계절, 우수의 계절인 셈이다. 태어남이 제 의지 아니듯이 죽음 또한 제 의지대로 맞을 수 없는 게 인간의 숙명이다.

죽는 것조차 제 의지대로 할 수 없는 이상, 살아 있는 자에게 죽음은 두려움과 공포의 대상임은 외면할 수 없는 사실이다. 때문에 죽음을 준비하는 가을보다는, 차라리 죽어서 다시 태어남을 준비하는 계절의 겨울이 훨씬 인간적인 계절이 아닌가 한다. 하나의 밀알이 땅속에 묻혀 자신이 죽어야만 새로운 생명체로 태어나듯이 죽음으로써 다시 태어날 수 있는 기회의 계절, 겨울이 그래서 보다 소중한 계절인 것이고, 생명을 잉태하고 자연의 세계로 밀어내는 역사로 거룩한 침묵까지 요구되는 동토의 계절, 설원의 계절, 겨울이 그래서 위대하기까지 한 계절이 아니겠는가 말이다.

이른바 죽음 속에서 새 생명 창조를 위한 거룩한 작업이 이루어지고 있는 이 찬란한 계절에 나는 진솔히 소망하는 게 있다. 너무나 순수한 대학의 아름다운 지성 사회를 위해 첫눈 내리는 날을 고대하는 아름다운 평상심으로 대학이 안고 있는 여러 아픔들이 슬기롭게 해소되는 것을. 그래서 눈꽃송이 그 순백의 향연을 보듯, 해맑은 지성사회의 아름다움을 보며 멋스러움을 맘껏 누리고 싶은 거다.

대학의 명실상부한 지성들이 아름다운 심성을 다해 우리의 대학 사회를 정녕 아름다운 지성의 사회, 자긍심 넘치는 엘리트 사회로 확산시켜 나갔으면 하는 거다. 마치 첫눈 오는 날 기쁨에 하냥 젖는 것처럼 순정한 심성으로…….

필설로 다할 수 없는 아름다운 눈꽃송이로 삼라만상에 한결같은 순백으로 향연을 아낌없이 펼치는 신품의 거룩한 작업을 가급적이면 자주 대하고 싶다. 이게 이 겨울에 바라는 나의 소박한 또 하나의 소망이라면 소망이 되겠다.

가정이 하루 이틀 살다 마는 곳인가

盤中 早紅감이 고아도 보이나다
柚子 안이라도 품언즉도 하다마는
품어가 반기리 업슬새 글노 설워 하나이다.
— 박인로의 조홍시가(早紅柿歌)

어버이께 효도하려 해도 어버이께서 계시지 않음에 효도할 수 없는 애석한 마음이 담겨 있는 시이다.

자식이 어버이께 효하고 어버이가 자식 사랑함은 천륜이다. 이렇듯 효와 사랑이 샘물 솟듯 넘쳐나는 가족 공동체, 평생 공동체가 가정이다. 우리 겨레가 세계 어느 민족보다도 효와 사랑, 예도가 넘쳐나던 겨레였다는 것은 세계가 인정하는 사실이었다. 하지만 오늘날 우리의 현실은 이 모든 아름다운 심성이 탁해져 있음을 부인할 수 없게 됐다. 탈색된 자유 민주사상이 이 땅에 만연되면서 우리의 아름다운 정서는 그 빛을 점차 잃게 된 것이다. 눈덩이처럼 불어만 가고 있는 가족과 가정의 해체 현상이 적절한 하나의 보기가 된다. 자식의 무관심과 핍박, 패륜적 행태에 원망보다는 오히려 자식에게 짐되지 않으려 스스로 목숨을 끊는 기막힌 일이 적지 아니 일어나는 사실, 부모를 소 닭 쳐다보듯 대하고, 자신의 공부방을 들라치면 신경질로 대해 자식의 방 들기가 겁이 날 정도가 된 것이 보통이 되니 사실, 밤낮 없이 밖에서 유흥에만 탐닉할 뿐 집과는 등을 지고 있는 대다수의 쾌락주의자들, 자신의 자식이라 해서 마구 패대기질을 하는가 하면, 진짜 부모 아니듯이 전혀 돌보지 아니하고 무책임하게 방기하는 비정한 부모가 의외로 많다. 사실 이러한 병적인 현상들이 가정 해체 현상을 빚고 있는 요인들이다.

가족이 숨 쉬는 둥지는 그저 하루 이틀 살고 마는 곳이 아님을 모르는 이는 아무도 없다. 그럼에도 아이러니한 것은 마치 하루 이틀 살다 말 것처럼 적지 않은 둥지엔 어둡고 냉랭하기 그지없다. 이러한 둥지는 사랑과 평화를 희구하고 유지하려는 공동체 의식이 없거나 희박하기 때문이다. 삶을 실로 아름답고 참답게 살 수 있는 삶의 철학, 곧 으뜸의 가르침을 받는 참다운 종교가 없기 때문이다. 한 가족을 꾸려 나감에 있어 어느 정도의 돈과 물질의 향유는 필요조건이 된다. 그러나 가장 소중한 것은 영육간의 사랑과 평화이다.

가족 공동체는 저마다 이를 향유하기 위해 힘씀을 게을리 해서는 안 된다. 사랑과 평화 있는 아름다운 가정은 참으로 행복한 가정이다. 행복한 가정의 지킴은 하느님의 가르침대로 따르려고 노력하는 슬기로운 신앙생활의 실천적 삶에 있다. 가정생활의 모범이신 '예수, 마리아, 요셉'의 성가정의 표양을 조금이라도 본받으려 가정성화에 애씀이 곧 행복이다.

책 멀리, 숲 가까이

2002년 한해도 바야흐로 서산에 지는 해 쪽으로 많이 기울고 있는 때다. 어느새 맹위를 떨치던 더위가 물러가고 마는 처서(處暑)도 이미 지난 8월의 하순 막바지에 이르렀으니 말이다.

실로 눈 깜짝새에 초중고교의 짧은 방학도, 기나긴 대학가의 방학도 삽시간에 지나가고 개학과 개강이 시작되었다. 여름방학 동안 적막고요의 세계였던 학원가에 신선한 기운들이 넘쳐나고 있다. 마치 물고기가 물 만나 한껏 퍼덕이듯이 활력 넘치는 젊음들의 싱그러움이 그지없음에 좋고도 좋다. 늘 그래왔듯 걱정이 겹치는 건 지성세계가 해맑은 이성을 갈닦는 데 필요조건인 책과의 연애보다, 잠깐의 즐거움만 줄뿐인 술 탐닉으로 인해 허무와 해악만 남을 뒤안의 생활 연속이 되지나 않을까 하는 노파심이다.

하기야 지성들 세계에 냉철한 이성만 갈닦는 탐구만 있으면 얼마나 삭막할 것인가는 쉽게 짐작할 수 있는 바다. 그러기에 대학의 학사 일정에는 정서 순화와 젊음을 맘껏 사를 수 있는 여러 형태의 축전 행사가 담겨 있는 것이다. 또 더욱 성숙한 지성세계를 위한 모꼬지나 각종 답사 기행도 있다. 이런 행사 때에 지성들은 아주 자연스럽게 음주를 즐기며 지성인의 로망스나 호연지기를 키우게도 되는 것이다. 일찍이 시인 '괴테'는 그의 시에서 "맥주는 우리를 즐겁게 하고, 책은 우리를 괴롭게 한다."고 노래했다. 이 시를 볼 때, '괴테' 시인이 평소 '맥주'를 즐겨 마셨음을 미루어 짐작할 수 있을 것이다. 이렇듯 우리의 대학 사회에도 고결한 지성과 감성이 충만한 대학인 나름의 품위가 결코 퇴색되지 않는 건전한 음주 문화의 풍토가 정착 유지되었으면 싶다.

어쨌든 대학은 진리 탐구와 인격 도야의 산실이다. 또한 자신에게는 바르고 인간답게 살 수 있는 희망의 내일을 준비하는 지성의 산실이며, 내일의 국가사회를 위해 헌신 봉사할 수 있는 동량의 자질을 갖추도록 마련된 연마의 도량이다. 이러한 아름답고 고결한 특권과 책무를 지니고 생활해 나가야하는 진정한 대학인의 자세와 태도 표상이 어떠해야 하는지는 자명하다. 대학인의 참다운 표상이 자명해진 이상, 모름지기 내일의 성공적인 동량으로서 자리매김 되어야 할 알찬 대학생활에서 요구되는 바로미터는 꾸준하게 성실을 다하는 대학인다운 실천적 행태인 것이다.

예서 무슨 췌언(贅言)이 더 필요하겠는가. 다만 새 학기에 접어든 이즈음에 강의를 시작하기 앞서 스승된 도리로 다시금 잔소리를 베풀어 놓아 자칫 흐트러졌을지도 모를 제자들의 언행과 마음가짐에 경계를 삼고 싶을 따름인 것이지. 부디 이른다. 이제부터는 잠시 한 때라도 시정 잡배나 유식자(遊食子)들이 매양 일삼듯 하는 술에 쩌들어 마치 연체동물 같이 흐느적대는 꼴불견인 행태는 삼가는 거다. 오로지 고상한 대학인다운 품위를 견지하는 가운데 학문 탐구에 열심하는 거다. 그리고 사이사이에 건전한 음주 문화도 즐기는 여유를 갖기도 하는 이른바 진정 이 땅의 슬기로운 지성, 성실한 대학인으로 성장해 가는 거다.

이제 소슬바람 부는 가을이다. 가을을 일러 하늘은 높고 말은 살찐다는 천고마비(天高馬肥)의 계절이라 부른다. 말이 살찐다하여 인간까지 살찌라는 뜻은 아니리라. 말은 살이 쪄야 힘을 쓸 수 있다. 인간이 힘쓸 수 있는 것이란 어떠함일까? 포만감을 획득하여 근육질의 체력을 갖추기 위한 가을일 수만은 없다. "나는 생각한다, 고로 나는 존대한다."는 데카르트의 말을 빌리지 않고도 인간은 육체만으로는 부족한 그 무엇이 있다. 예지력(叡智力)만이 부족한 그 무엇을 채울 수 있지 않을까? 그것은 무릇 무한한 독서력에서 나온다. 자신을 바로 세우고, 대학과 나라를 곧추 세울 수 있는 힘은 오직 지적 함양, 즉 독서에 있기 때문이다.

지금 우리는 디지털 시대에 살고 있다. 개인 퍼스컴이 보편화된 지 이미 오래된 일이다. 이제 우리의 후학들은 전자책에 더 익숙한 시대를 살아갈 것이다. 이것은 인류의 소중한 생명자산인 숲을 보호하는 좋은 현상일지도 모른다. 기실 한 권의 책을 만들기 위해 나무 한 그루는 족히 베어졌으리라. 따지고 보면 우리가 읽지 않는 그 많은 책들은 자연을 파괴한, 숲을 파괴한 원흉일지 모른다. 그러니 비록 책 멀리하는 이 시대의 풍속도를 탓하기에 앞서 무엇보다 강조하고 싶은 것은 이 가을 자연과 가까이 할 것을 일러 깨쳐주고프다. 사람은 자연 속에서 더 큰 성장을 할 수 있는 법이다. 그리하여 비록 책은 가까이 하지 못할지라도 우선 먼저 자연에 귀 기울이고 사색할 수 있는 자세를 말하려한다.

숲은 천이(遷移)라는 자연변화 과정을 겪는데, 처음에는 메마른 땅에 벼과 식물이나 양치식물이 들어서고, 그 다음엔 키 작은 떨기나무가, 그 다음에는 양지에서 잘 자라는 소나무가 자란다. 소나무 뒤에는 자람이 빠른 참나무와 같은 넓은잎나무가 나타나고, 그 다음엔 볕이 잘 들지 않는 곳에서도 잘 자랄 수 있는 넓은잎나무가 자라나며, 마지막으로는 볕이 거의 들지 않는 울창한 숲 그늘에서 오래 사는 바늘잎나무가 나온다. 이 상태가 되면 숲은 환경변화가 심하지 않는 한, 안정을 이루는데, 이것을 생태학적인 용어로 극상(極上, climax)이라고 부른다.

모든 것이 디지털화되고, 게임화되고, 가벼워지고, 쉬워지는 이 시대에 우리는 시간을 짊어지고 견뎌온 자연의 고요와, 고요 속의 다양한 음색과, 그 진중함을 경험하여야 되리라. 울창한 숲 한가운데 들어서서 나무의 천이(遷移) 과정과 극상(極上, climax)에 대한 생각을 해보길 희망한다.

여러분은 어떠한 천이의 과정을 겪어 극상에 다다를 것일까? 음주와 게임을 통한 천이? 학문과의 치열한 몸부림을 통한 극상에 이르는 길? 숲속에서 우리는 크나큰 인생의 진리와 아름다움을 발견 할 수 있으리라 본다. 아니 그 이상의 그 무엇을 갖가 얻으리라 확신한다. 가을하늘 아래 여전히 푸른 삼나무와 편백의 숭고(崇古)함을 기리며 '숲 가까이'의 문화여행, 아니 숲과의 사랑 여행을 떠나보면 어떨까. 사랑스런 제자들의 앞길에 주님 은총 충만으로 학덕의 기쁨이 늘 함께 하기를 마무리말로 전하는 바다.

영생의 고향

화려한 꽃들의 향연으로 장관의 극치를 이루는 4월은 만인의 연인이신 주 예수 그리스도의 부활하심을 찬미하고 기리는 의미 깊은 달이다. 무수한 새 생명의 탄생과 화려한 꽃들의 향연이 어김없이 펼쳐짐은 자연의 신비스런 조화이다. 이 자연의 신비는 그리스도의 성스런 부활과 모든 생명체에 주어지는 부활의 연속성을 자연을 통해 꾸준히 일러주시는 하느님이 베푸시는 무한한 은총이다.

한 알의 밀알이 땅에 떨어져 흙에 묻히는 죽음을 거치지 아니하고는 새 생명으로 거듭나지 못하는 것처럼 모든 생명체는 흙에 묻히는 죽음의 통과의례를 거쳐야만 새 생명을 얻을 수 있다. 그러나 우리 인간의 삶은 이러한 자연의 생명체와는 다르다.

우리는 흙에서 와서 흙으로 돌아가는, 자연 그 자체이면서 자연의 일부이다. 이는 창조주께서 인간을 흙을 빚어 만들었다는 성서의 가르침에서 극명해진다. 인간은 하느님의 모상대로 창조된, 하느님이 지극히 사랑하시는 하느님의 자손이다. 때문에 그 죽살이와 영생 여부는 오로지 하느님 뜻에 달려 있다. 인간은 하느님의 자손이므로 하느님의 가르침대로 하느님께 자신을 완전히 의탁하면서 하느님 뜻에 어긋남 없이 삶을 살아야 할 숙명을 지닌 존재다.

특히 인간을 구원하기 위하여 이 땅에 나시어 이웃을 사랑하여 희생과 봉사로 일관하신 님, 사랑을 베푼 대상에게서 한없는 고통을 받으신 님, 끝내는 그들에 의해 결박당하여 십자가에서 돌아가신 님, 부활하시어 구원의 신비를 스스로 보여주신 님, 예수 그리스도가 분명 만인의 구세주임을 부정하는 인간은 없을 것이다.

오로지 그리스도적 삶과 죽음을 따르기로 성사로써 서약한 그리스도인은 분명 그리스도의 자녀다. 그런데 주님의 충만한 은총에 의해 주님의 자녀로 사는 우리는 전혀 비그리스도적 삶을 습관적으로 살고 있다. 형제와 이웃에게 한 입으로 여러 말을 하고, 배신을 하고, 매를 쳐 고통주는 거짓과 위선의 비그리스도적 행태를 일상적으로 행하며 산다. 이같이 우리는 오늘날 또다시 우리 주 예수 그리스도를 십자가형틀에 못박는 배신적 행위를 부끄럼 없이 일삼고 있다.

이는 참 그리스도인으로서의 주제를 망각한 채 영육 간 탐욕에 젖어늘 욕심꾸러기, 욕망덩어리의 존재로 사는 우리의 삶이 사실적으로 웅변해 준다. 이러하면서 우리는 그리스도인이라는 명함 하나로 내세에 구원받아 영생의 삶을 보장받으리라는 핑크 빛 희망을 감히 갖고 산다.

우리의 삶에서 뿌린 대로 거둔다는 이치는 마땅한 진리이다. 좋은 텃밭에 틈실한 씨앗을 뿌리지 않고 결실을 바라는 것은 실로 양상군자적 심보다. 아울러 좋은 텃밭에 알찬 씨앗을 뿌리고 성심으로 가꾸면 삼십

배, 육십 배, 백 배의 풍요로운 수확을 거둘 수 있음을 성서가 보장해주고 있다. 이러한 이치로 미루어 볼 때, 우리의 신앙적 삶이 어떠해야 하는가에 대한 모범적 해답은 명확해진다.

우리는 곧 그리스도의 성스런 부활을 기쁨으로 기리는 부활절을 맞이한다. 성스런 부활절을 맞이함에 있어 실로 우리가 노력해야 하는 바는 우리가 건강한 영육을 보존할 수 있도록 노력해야 하는 삶이어야 한다.

참다운 삶과 믿음 있는 만남

만남은 삶 속에 존재하고, 삶은 만남 속에 존재한다. 만남은 존재의 확실한 증거요, 삶은 만남의 무대랄 수 있다. 우리네 삶 속에서 펼쳐지는 만남은 부모자식간의 만남, 사제지간의 만남, 인간과 절대자의 거룩한 만남, 자연과의 만남 등 그지없는 만남은 우리들의 삶 속에 존재하고 이어진다. 아니 이 누리(世上)에 존재하는 그 모든 것들은 만남 아닌 것이 없다. 때문에 존재함은 만남 그 자체이며 만남은 생존해 있음을 가리키는 것이기도 하다.

만남 가운데 으뜸으로 생각할 수 있는 만남은 아마도 인연(因緣)줄로 이어지는 사람과 사람의 만남이 아닐까 한다. 옷깃만 스쳐도 인연이란 표현이 있지만 불교의 가르침은 인연의 만남, 만남의 인연을 극명하게 표현한 것이라 해도 지나친 말은 아니리라.

만남은 분명 소중하다. 이러한 삶의 만남, 더욱이 시공을 같이하고 한 배겨레 핏줄로 이어지면서 하늘 뜻으로 맺어지는 만남은 정녕 소중한 만남이 아닐 수 없다. 그러나 이처럼 소중한 만남의 시공을 더럽고 어지럽게 만들고 있는 사람돼지 같은 무리들이 이 사회에 적지 않게 존재하고 있음도 사실인데 이러한 무리들이 나타나고 있는 까닭은 무엇 때문일까. 이는 두말할 필요 없이 믿음이 없기 때문이다. 진실과 사랑, 정의와 양심 등의 아름다움이 거짓과 증오, 불의와 비양심 같은 추악함 앞에 허무하게 무릎 꿇고 무너져 내리는 사회, 사행심과 요행주의, 한탕주의 앞에 바른 생활의 정신과 아름다운 마음들이 사라지는 이런 만남의 사회는 이른바 증오와 실행의 화신인 '카인'이 지배하는 어둠의 나락으로 떨어질 위태로운 사회랄 수 있다.

만남은 진실된 믿음 위에 이루어져야 마땅하다. 교묘히 꾸민 말과 어진 낯빛으로 거짓과 위선을 지칭한 만남은 역시 거짓과 위선의 종말을 잉태한다. 그러므로 "너희가 만일 믿음이 한 겨자씨만큼만 있으면, 이 산을 명하여 여기서 저기로 옮기라하여도 옮길 것이요…."라고 가르친 성서의 말씀은 확실히 오늘을 사는 우리들의 혼탁한 마음밭에 경종을 주는 큰 말씀이 아닐 수 없다.

그만큼 믿음이란 인간의 삶 가운데 있어 매우 소중하고 값진 무형의 보배임을 알아야 한다.

다정한 동반자와 함께 하는 길손과 주막

우리는 먼 길을 가는 나그네라 할 수 있다. 그러니까 길손인 셈이다. 길손이 가는 길에는 어김없이 주막이 있다. 지친 목과 마음을 추스를 수 있는 주막(酒幕) 말이다. 이른바 주막은 정겨운 사람냄새가 물씬 나는 곳이기에 정녕 너무나 인간적인 휴먼공간이다.

전설의 고향을 더욱 사실적으로 그려내는데 감초 역할의 무대가 되어 주는 곳도, 한 남편을 그리다가 돌이 된 정읍(井邑) 여인의 성적 질투를 불러일으키게 된 곳도 사실은 주막이다. 과거를 보러가는 과객도, 여러 시장을 돌아다니는 장돌뱅이도, 민정을 살피는 암행어사도, 장삼이사(張三李四)들도 어김없이 들르던 곳이 주막이다.

이곳은 이루 헤아릴 수 없는 애틋한 사연과 하룻밤의 만리장성도 수없이 쌓고 허물기도 했던 소위 애정이 꽃피던 그런 곳이다. 어찌되었거나 우리의 삶은 먼 길을 가는 나그네스러운 삶인 것이고 보면 우리의 삶의 공간은 주막인 셈이다. 이렇듯 우리 삶의 사실 인식이 마치 나그네요 주막과 같듯이, 하느님을 모시고 사는 삶도 이와 다를 바 없다는 생각이다.

다만 구태여 다르게 분별할라치면, 신앙을 가슴에 담지 않는 길손의 길이 정처 없는 길이라면, 신앙인의 가는 길은 하느님께로 가는 정처 있는 길이다. 길손 머무르는 곳은 성소의 못자리 본당 성당이라는 사실일 것이다. 또, 길손의 길이 저만이 가는 외로운 길이라면, 신앙인이 가는 길은 다정한 동반자(구원자)와 함께 가는 든든한 길이라는 사실이다. 물론 나같이 눈이 열려 있질 않고 가리워진 어리석은 신자, 발바닥 신자, 시계추 신자는 다정한 동반자와 함께 가는 즐거운 길이라는 분명한 진실을 자주자주 망각하며 가는 길이지만 말이다.

이승을 사는 우리는 너나없이 먼 길 가는 나그네임을 잘 안다. 그렇다면 우리 가는 길의 머무를 곳도 어느 곳이어야 하는지도 모르지는 않을 것이다. 그런데도 대체로 육신이 건강한 이들은 늘 건강할 줄 아는 어리석은 잣대로 단순히 지친 몸과 마음을 추스를 수 있는 주막으로 정하며 실로 허허로운 길을 가는 게 허다하다.

더욱 교만한 친구들은 스스로 무신론자임을 자처하는 교만의 꼴값과 꼴불견 속에서 정작 도색 질탕한 주막만을 찾는다. 참으로 어리석기 그지없는 길손이랄 수밖에. 기왕에 가는 길, 정처 있는 길을 택해 다정한 동반자와 함께 하는 길을 가면서 부활의 기쁨을 가질 수 있는 성당에서 평화의 안식을 누리는 머무름이 좋을 것임을 영적 불구자가 아니고서는 뻔히 알 텐데도 말이다.

다정한 동반자와 함께 하는 길손이 진실로 행복한 길손이다. 나는 다행스럽게도 다정한 동반자와 길 떠나는 길손이기에 그저 행복한 길손인 셈이다. 물론 때때로 다정한 동반자의 거룩한 존재를 잊고 사는 어리석음에 빠지기가 일쑤이지만, 나의 지극한 바람은 앞으로도 늘 다정한 동반자와 함께 가는 행복한 길손이 되는 거다.

그리고 언제든 지친 영육을 말끔하게 치유해주는 성당 안에 머무르면서 다정한 동반자와 함께 사랑의 대화를 즐겨 나누는 생활의 견지 또한 그러하다.

제2부

신부님과 카네이션

이런 사람도 천주교 신자인가?

오늘은 지난 날 많은 죄를 짓고도 그에 대한 반성함이 없이 천연덕스럽게 지내왔던, 왜곡된 신앙생활을 회개와 참회를 통하여 보속 받고 새롭게 은총을 충만히 받을 수 있도록 노력해야 하는, 사순절의 제 5주일이 되는 날이다.

봄기운이 자연을 자극해, 새롭게 생동케 하는 이 아름다운 계절의 여울목에서 사순절을 맞아 신앙이 더욱 성화되기를 신도들과 함께 도모한다는 일은 그 자체만으로도 얼마나 성스러운 일인지 흥분을 가라앉힐 수가 없다. 그러나 이제껏 나는 과연 얼마나 신앙적으로 성숙했으며, 또 천주와의 관계를 원만히 유지하기 위해 성실히 임해 왔던가를 생각하면 솔직히 부끄러움을 감출 수가 없다.

남들 눈에는 내가 아주 성실한 크리스천처럼 보여졌을지도 모른다. 주일미사는 물론 평일미사도 거르지 않았을 뿐만 아니라 레지오, 꾸리아, 울뜨레아, 방지거회 등 여러 신심단체에 일단은 열심히 참여했고,

본당 부회장으로서 신부님을 도와 사목일도 깜냥껏은 하는 편이고, 재속 프란치스코회나 봉사자 학교 학생으로 신앙교육도 열심히 받는 척은 했으니 말이다. 하지만 기실은 빛 좋은 개살구에 지나지 않았음을 고백치 않을 수가 없다. 내가 생각하기에도 나의 신앙생활은 다분히 기계적이고, 위선적이었으며, 또 관습적이어서 주님께서 머무르실 수 없는, 너저분하고 허약한 것에 불과했다.

물론 나름대로는 이처럼 빗나간 신앙생활에서 벗어나, 단아하고 진실한 크리스천이 되어 보려고 노력을 하지 않았던 것은 아니지만, 경 주교님의 말씀처럼 '변북만 울리는 방황'을 거듭하고 있으니, 죄스러움과 안타까움 때문에 잠이 오지 않을 정도이다.

하지만, '이런 사람도 천주교 신자라고 할 수 있는가' 라는 따가운 질책을 받지 않기 위해서라도, 이번의 사순 기간을 회개와 참회를 통해 보속과 은총을 충만히 받는 계기로 삼아야 할 것이다. 주님의 참다운 자녀로 새롭게 태어나는 길만이 나를 구제할 수 있는 유일한 길이 될 것이니 말이다.

금주중(禁酒中)과 패러독스

앞도 산, 뒤도 산, 옆도 산, 산으로만 겹겹이 둘러싸인 채 보이는 것이라고는 하늘뿐인 두메산골, 전방에서 초급장교로 군 생활을 하면서 무섭도록 밀려드는, 알 수 없는 그리움과 외로움을 달래기 위해 벗 삼듯 가까이 했던 술과 담배를 지천명에 이른 지금까지도 하루 한 날을 멀리하지 못하고 가까이 만나고 있다. 가끔 멀리 해야겠다고 다짐하면 할수록 뼛골에 스며드는 그리움같이, 잊기에 가슴 아픈 내 생활의 분신과 같은 존재가 바로 이들이다.

그래서 나를 아는 이들은 한결같이 물정 모르고 주연(酒宴)에 빠져 있는 나를 가리켜 '주선(酒仙)'이니, '주성(酒聖)'이니, 심지어는 '철인(鐵人)'이라고 부르기까지 한다.

내 으뜸의 신조는 양심에 어긋나지 않는 '의리'와 '정'을 지키며 사는 것이다. 술 앞에는 더욱 의리의 기사도 정신이 무한정으로 발휘되는 바, 갖가지 얄팍한 핑계로 술자리를 슬쩍 떠서 먼저 실례한다거나, 머릿속의 계산으로 상대방에게 그럴 듯하게 떠넘기는 등의 주도에 어긋나는 낯간지러운 행실 따위는 내 처세학 사전의 어느 구석에도 존재치 않는다. 아마도 나와 술 한 잔만이라도 거래해 본 적이 있는 이들은 이러한 나의 교만에 동의해 주리라고 확신한다. 시쳇말로 술 매너 하나만은 끝내주는 셈이다. 어쨌든 술통을 이고 가기는 어려워도, 뱃속에 집어넣고 갈 수는 있다는 호주가의 입찬소리처럼 물색없는 나의 철부지 애주 행진은 기침 없이 해를 더해 나이테가 제법 적지 않다.

이러한 나 자신이 그침 없던 애주 · 애연의 속절없는 행진을 스스로 멈춰야겠다고 느끼게 된 배경은, 완전히 주님의 묵시적인 은총 때문이었다. 습관적이고 기계적인 미사 봉헌과 형식적으로 바치는 기도 가운데서도 나에게 건강한 영육을 주신 것은 주님의 은총에 의한 것임을 깨닫게 되고, 나의 영육은 주님의 것이기에 내 멋대로 나의 영육을 함부로 부리는 것은 주님께 큰 죄를 짓는 것임을 깨달을 수 있었기 때문이었다.

새해가 밝아온, 게다가 서설마저 포근히 내린 어느 날, 막역한 교우 몇 명과 신부님이 같이 한 술자리 — 순대국을 놓고, 소주 한 잔씩을 기울이는 소담한 자리에서 소주 한 병 더 청하는 어느 교우에게 '술은 알맞게 마시는 게 좋다. 술을 많이 마시는 것도 주님께 죄짓는 일이라는 것을 알아야 한다.'는 신부님의 싫지 않은 제지의 말씀을 계기로 삼아, '금주회(禁酒會)' 회장을 하겠다고 일방적으로 선언을 하고서, 그 날로부터 곧바로 생애 처음으로 금주 · 금연을 실행에 옮기게 되었다.

주님의 도우심이 있었음인지 나는 한 달 동안 금주 · 금연을 착실히 실천했다. 애주 동지를 잃을까봐 수시로 한 잔 하지 않겠느냐고 하는 유혹도 들어오고, 시험에 닥치기도 했지만 교우들도 끈기 있게 잘 버텨 나가는 것을 보고는, 모처럼의 다부진 의지를 인정해 주었다.

그런데 불행하게도 주님의 시험하심과 사탄의 유혹에 걸려들고 말았다. 모처럼 나 자신과의 약속을, 결심의 벽돌들을 한꺼번에 내 손으로 와르르 무너지게 하고 말았던 것이다.

나의 결심이 허무하게 무너져 버린 것은 온전히 결혼식 주례 때문이었다. 주례를 마치고 곧바로 집으로 돌아왔으면 괜찮았을 텐데, 나에게 주례를 부탁하러 왔던 사람과 식사를 하기 위해 마주앉은 것이 화근이 되었다. 주례를 서 주시느라 수고하셨으니, 기분 좋게 한 잔 하시라고 하기에, '금주 중'이라며 사양을 했는데도 계속 권하기에 마지못해 마시는 시늉이나 한다는 것이 그만 한 잔 술을 비우고야 말았다. 이 한 잔 마신 술로 나의 의지는 사탄의 유혹 앞에 무릎을 꿇은 폭이 되고 말았다. 물론 주님께 열심히 기도하고 의지하였더라면, 이런 일은 없었을 것이다.

물론 모처럼의 금주의 결심을 끝까지 지키지 못한 것은 나의 불찰이고, 그만큼 내 의지가 박약했기 때문이리라. 그러나 아픔은 성숙을 수반한다고 하지 않았던가. 앞으로 수차례 넘어지는 한이 있더라도 의연히 일어서는 부드러운 갈대와 같이, 때로는 오뚝이와 같이 단주(斷酒) 아닌 절주(節酒) 하나만이라도 확실히 지킬 수 있는, 믿음 깊고 뜻이 바로 선 모범적인 크리스천으로 성숙할 수 있었으면 더 이상 바랄 것이 없을 것 같다.

주께 향한 믿음 충만한 신심 속에는 '禁酒中'이 '今酒中'으로 변명되어지는 알팍한 '아이러니'나 '패러독스'는 한낱 말의 유희에 지나지 않을 뿐이다.

은총은 샘물같이

"건강한 육체에 건전한 정신이 깃든다."는 말은, 물론 어느 한 구석 흠잡을 데가 없는 마땅한 표현이다. 그러나 경우에 따라서는 건강한 육체를 가졌다고 해서, 반드시 정신 역시 건전하리라고 볼 수는 없을 것 같다. 오히려 육체는 불편하지만, 정신은 아주 건전한 경우를 주변에서 적잖게 볼 수 있기 때문이다.

내가 좋아하는 형제 가운데는 신체적으로는 중증에 해당하는 장애자이지만, 심성이나 신앙생활에 있어서는 아주 모범적인 분이 한 분 계시다. 주일미사는 물론 평일미사에도 거의 거르는 일이 없이 정성으로 봉헌한다. 말을 할 수 없는 까닭에, 독서나 찬송을 제대로 할 수는 없지만, 나름의 최선을 다하는 모습을 지켜보고 있노라면 나도 모르게 심금이 울려져, 참 신앙인의 진면목이 바로 저런 것이 아닌가 하는 생각을 하게 된다.

그는 여러 신심 활동에도 누구 못잖게 참가하여 정성을 다해 봉사하기 때문에, 그 모습 자체로써 여러 형제들의 귀감이 되고 있는 분이다. 때에 따라서는 육신의 장애를 오히려 믿음으로 극복하며, 충만한 신앙심으로 승화해 가고 있는 그가 되레 부럽기까지 할 때도 있다. 또한 이 형제의 밉지 않은 장난기가 범사에 자기방어로 피곤한 우리 정상인들의 마음을 편안하게 해주기도 하여 이분이 바로 주님이 아니신가 하는 착각에 빠질 때도 있다.

이 형제는 한마디로 말해, 해맑은 햇살이나 반짝이는 샘물과 같은 분이다. 건강한 육신을 가졌다는 이유로 교만에 들떠 우쭐거리는 졸장부에 비하면, 이 형제야말로 우리들의 선봉에 서서 우리를 지휘하기에 부족함이 없는 참신아의 장군이라 볼 수 있다.

나는 육신의 장애를 믿음으로 극복하여 사랑으로 오실 주님을 기쁨으로 맞이하기 위해 기도와 신심활동을 열성으로 하고 있는 우리의 이 형제에게 극진한 찬사를 보낸다.

믿음에 충만한 형제에게 주님의 거룩한 은총이 마르지 않는 샘물처럼 언제나 홍건하고 융숭하기를 간절한 마음으로 기도한다.

사랑의 나눔 실천

벌써 사순절의 제 4주일을 맞이하게 됐다. 우리 교구에서는 보다 뜻있게 이 기간을 보내기 위해, '사랑의 나눔 실천' 방안을 세우고 여러 행사를 착실히 전개해 나가고 있다. 교구 차원에서 이와 같은 선도적 역할을 추진하고 있다는 것은 매우 고맙고, 또 의미로운 일이 아닐 수 없다.

사순절의 참된 정신은 '우리 자신보다 이웃을 더 생각하고, 이웃의 어려움을 자신의 어려움처럼 알고 적극적으로 해결해 가는 것'이다.

그러나 정작 오늘의 우리 주변 세태는 어떠한가?

다른 이들은 말할 필요도 없고, 우리 신자들까지도 기도를 드릴 때나 미사 봉헌 때, 말로는 곧잘 사랑의 나눔을 강조하지만, 실제의 행동에 있어서는 그렇지 못할 때가 너무나 많은 것이 사실이지 않은가.

진정한 사랑의 나눔은 앵무새처럼 읊어대는 것만으로는 부족하고, 행동이 따르지 않는 위선이나 가식으로는 절대로 실천되질 않는다.

우리의 주위에는 우리의 따사로운 손길을 기다리고 있는 불우한 이웃들이 너무도 많다. 결손가정의 아이들, 누구 하나 돌보아주는 이 없는 외로운 노인들, 육체적인 고통과 가난보다도 더 큰 아픔, 즉 메마른 정 때문에 신음하고 있는 소외된 사람들…, 그 수는 실로 헤아릴 수가 없을 정도이다.

이런 저런 고통 때문에 아파하고 있는 우리 주변의 수많은 이웃들을 생각해서라도 우리는, 위선과 가식의 껍질을 미련 없이 벗어버리고 그리스도의 참다운 희생, 사랑의 모습을 닮아가는데 나름의 노력을 다해야만 한다.

이러한 사랑의 실천을 아무런 거리낌 없이 버릇처럼 행할 수 있을 때, 우리는 천주의 자녀된 자로서 더없는 행복감과 함께 뿌듯한 충만감을 만끽할 수 있게 될 것이다. 이는 주는 것이 아니라 오히려 받는 것이라고도 볼 수 있다.

눈 뜨고 날 새는 하얀 밤

잠자리가 바뀌는 밤이면, 나는 어김없이 하얀 밤을 보내곤 한다. 이럴 때면, 잠자리에 들자마자 누가 떠메어가도 모를 정도로 숙면에 취하는 이들이 세상에서 제일 부럽다. 생각해 보면, 이제까지 나는 집을 떠나서 제대로 깊은 잠을 자 본 기억이 없는 것 같다. 집에서도 잠을 자려면, 대개는 한 시간 정도는 갈수록 맑아지는 의식과 치열한 겨룸을 한바탕 치른 이후에야 겨우 잠에 들곤 한다.

때문에, 나에게 있어서의 잠은 편안한 안식이 아니라, 고통이고 전쟁이다. 더구나 내 집이 아닌, 다른 데에서 잠을 잘 수밖에 없는 상황이 되면, 그 곤욕스러움을 어떻게 이겨낼 수 있을까 하여 고민에 빠지곤 한다. 우선은 이런 이유 때문에라도, 나는 가급적 밖에 나가서 잠을 자는 일은 애당초부터 만들지를 않는다.

그러나 매사가 의지대로만 되는 것은 아니기에, 부득이하게 외박을 해야되는 경우가 종종 생긴다. 더욱이 천주교 신자인 나에게는 집 밖에 나가 잘 수밖에 없는 경우가 심심찮게 발생한다. 그 대표적인 예가 피정 때이다. 피정은 세속을 벗어나 주님의 은총을 무한히 받을 수 있는 값진 기회인지라, 어떠한 고통을 감내하고서라도 가급적 외면을 하지 않으려고 애를 쓴다.

하느님의 자녀라고는 하지만, 믿음의 두께가 유난히 엷은 나이기에 피정 동안 신심을 키워, 부끄럼 없는 신자가 되려고 나름의 노력을 다해보지만, 그 놈의 불면 때문에 생각과는 달리 패잔병처럼 지쳐 돌아오기가 일쑤다. 이런 까닭에 나는 매번 피정 때마다 남들보다 몇 배의 고통을 더 감내해야만 한다. 이런 나를 추스르기 위해 결심한 것이 봉사자학교 입교였다.

물론 내가 가톨릭 봉사자학교에 입교하게 된 것은 내 스스로의 결정에 따른 것이라기보다는 본당 신부님과 총회장의 권유에 의해서였다. 그러나 생각해 보면, 내가 봉사자학교에 입교하게 된 것은 내게서 겨자씨 만한 믿음도 찾아볼 수 없음을 안타까이 여기신 주님께서 인도하신 바가 아닐까 한다.

주님의 영광스런 부르심으로 학교에 입교해, 주님과 이웃에게 봉사하는데 필요한 알찬 교육을 받기는 했으나, 마음의 문이 굳게 닫힌 채 열릴 생각을 안 해 무의미한 시간만 보내고 있는 실정이다. 더구나 갈수록 쌓이는 것은 잡념뿐이라서, 여간 마음이 무겁지 않다. 그야말로 사탄의 장난에 농락당하고 있는 괴로운 시간의 연속인 것이다.

내 나름대로 꿈꿔왔던 것— 강도에게 피해를 입은 사람의 이웃이 되어, 그들에게 자선을 베푸는 참다운 봉사자가 되어 보겠다는 것 —은 한낱 환상에 가까운 것이라는 점만 확인하고 있는 그런 나날인 것이다. 다만, 어김없이 커져 가는 것은 주님 안에서 평화를 체험하는 단잠이 아닌, 눈 감은 채로 날밤을 새야 하는 데서 오는 고통이 빚어내는 피로만이 나를 지키고 있을 뿐이다.

남들 같으면, 이튿날 낮에라도 무아지경에 빠져 심신의 피로를 덜 기회를 마련할 텐데, 나는 어떻게 된 꼴인지 그런 재주도 없어, 몸과 정신이 함께 그야말로 곤죽이 된다.

이 별난 성정과 허약한 믿음은 사탄의 유혹과 결탁하여 교육기간 중 거푸 두 번이나 결석을 하게 하는 부끄러운 기록을 남기게 했다. 이는 말없이 사랑으로 이끄시는 주님의 부르심에 역하는 행동인 동시에, 내 건강에 황색 신호등이 켜진 결과인 것 같아 내심 두렵기까지 하다. 또한 이는 사탄의 유혹에서 헤어나지 못하고 있는 결과일 테니, 작은 일 하나도 제대로 하지 못하는 나 자신이 밉고 원망스럽다. 더구나 명색이 주의 자녀인데다가, 본당 이천여 명 교우들에게 모범이 되어야 할 부회장이라는 자가 이 꼬락서니니 스스로 부끄럽기 한이 없다.

그러나 모든 일은 아픔 뒤에 기쁨이 있기 마련이고, 거룩한 인류구원 사업의 완성이 하루아침에 이루어질 수 없으며, 몸소 온갖 박해와 고통을 겪으셨던 주님의 고행이 갖는 의미를 제대로 깨닫지 못하고, 겨자씨만한 믿음도 아직 갖추고 있지 못한 어리석음 때문임을 솔직히 인정한다.

입으로만 주를 찾고, 겨우 미사에 참여하는 것이 신앙인의 모두인 것처럼 알고 행동하는 것은 분명히 신자로서 행할 바가 아니다.

그러나 분명 약속할 수 있는 것은 이 세상이 끝날 때까지 오직 주 한 분만을 믿고 따르며, 그의 가르침에 순종할 것이라는 사실이다. 그렇게 보면, 내 체질에 따른 고통 역시 어쩌면 나를 시험하기 위한 신의 거룩한 뜻인지도 모른다.

기도는 주님과의 대화라고 했다. 계속 이어지는 기도를 통해 주님과 친해지고, 그러는 사이 주님은 아주 내 안에 계시며 흔들리는 내 영혼을 잡아 주시고, 또 사탄이 지배하는 영육의 고통을 말끔히 씻어 주시고 은총으로 가득한 내 삶을 축조해 주시리라 나는 분명히 믿고 있다.

이렇게 주께 매달려 열심히 기도드리면, 주님의 자녀로서 부끄럽지 않는 참된 봉사자가 되어, 눈 뜨고 새우는 하얀 밤의 고통을 말끔히 사라지게 해 주시리라, 나는 분명히 믿는다.

주님, 저에게 믿음과 소망과 사랑의 3덕을 내려 주소서! 그리고 주님의 품 안에서 평안함을 만끽할 수 있도록 배려해 주소서. 간절히 비옵니다.

관계의 주인이신 주님

부모와 자식, 남편과 아내, 형제와 자매, 스승과 제자, 사람과 사람, 사람과 자연, 사람과 신 등의 관계를 보다 아름다운 관계로 승화시키려는 것이 바로 종교의 이상이다. '종교(宗敎)'라는 말에는 관계나 결합, 이어짐의 뜻이 들어있다. 宗은 으뜸을, 敎는 가르침을 일컫는 것이기 때문이다.

종교는 이른바 '가르침'을 으뜸으로 삼는다. 가르침에 순종하지 않으면, 인간은 더없이 사악한 존재로 전락할 수밖에 없기 때문이다. 따라서 사람다운 사람이 되기 위해서는 종교를 멀리할 수 없다. 세계적인 문호, 톨스토이가 주장했던 바도 바로 이것이다. 그는 종교 지도자는 아니었다. 다만 문학인이었던 것이다. 그러나 그를 종교 지도자로 알고 있는 사람이 적지 않다. 그 이유는, 그는 모든 사고를 신과의 관계를 통해 파악하려 했고, 이를 작품으로 표상하는 일에 주저하지 않았기 때문이다.

그런데 지금 우리의 현실은 과연 어떠한가.

세상이라고 하는 이 거대한 무대에서 숨쉬고 있는 사람들 가운데 종교를 갖지 않고, 외면하거나 거부하는 이들이 사실 얼마나 많은가.

지독한 아이러니가 아닐 수 없다.

창조주이시며, 만왕의 으뜸이신 주님의 말씀을 전하려 사람들을 만나다 보면, 의외로 하느님과의 관계를 의식적으로 멀리하려드는 사람이 너무나 많음을 확인하게 되기 때문이다. 좀 더 적극적으로 선교를 하려 하면, 핏대를 올리며 거부하는 경우도 비일비재하다. 물론 이것은 참되게 사는 길이 어떤 것임을 알지 못하고, 오로지 잠깐 있을 뿐인 이승에서의 쾌락을 즐기는 에피큐리언 같은 무지 때문이라는 것은 모르는 바가 아니지만, 어쨌든 슬픈 일이다.

으뜸 가르침의 주인이신 하느님과의 관계를, 이유야 어디에 있든 외면하는 이들이 너무나 많은 세상 속에서 우리는 살고 있다. 이런 엉망진창인 아수라의 세상을 하느님이 함께 하시는 충만한 세상으로 만들 책임은 바로 하느님의 사도들인 우리들에게 있다. 그래도 다행인 것은 가톨릭 교회가 '내가 변하면 세상이 변한다.'는 복음화의 굳센 의지를 가지고, 선교활동을 활발히 펼치고 있다는 사실이다.

결코 간과할 수 없는 점은, 선교를 자신이 할 수 있는 최고의 위업으로 알고, 사람들의 무관심과 멸시를 아랑곳하지 않고 복음화의 뜻을 펼치는 교우들이 적지 않다는 사실이다. 그들에게 하느님의 가호가 있기를 기도한다.

선교를 하리라

나라 전체가 한보사태로 인해 어수선하다. 이런 사태는 돈을 너무 지나치게 밝히는 무리들의 끝없는 탐욕이 빚어낸 결과라고 볼 수 있다.

"재물을 땅에 쌓아 두지 말아라… 재물을 하늘에 쌓아 두어라"(마태 6:19~20) 라는 주님의 가르침이나, "의롭지 아니한 부귀는 뜬구름과 같다"(논어)고 하신 공자의 귀띔은 어쩌면 오늘과 같은 때가 올 것을 미리 예견하고 하신 말씀들이었을 줄도 모른다.

일장춘몽 같은, 미래가 없는 부나비 같은 삶을 벗어나 참으로 인간답게 살아갈 수 있는 삶을 실현하는 방법은 구원의 주님을 따르기 위해, 그 분께로 한 발짝씩 성실히 다가가는 길밖에는 없다. 바로 신앙인이 가야 할 길, 즉 삶은 바로 이러한 것이다.

올해 우리 대전교구의 사목지표는 '예수 그리스도와 선교'이다. 그래서 우리 본당 역시 예비자 1,000명을 찾아 주님께 봉헌하겠다는 목표를 정하고, 선교 대운동을 펼친 지 이미 수개월이 된다. 아직 이렇다 할 가시적인 성과나 만족할 만한 수확은 없지만, 본당 신부와 신자들이 함께 하나가 되어 이를 위한 운동을 확산시켜 나가고 있기 때문에, 머잖아 싱싱한 포도나무에 알찬 포도가 풍요롭게 열리듯, 좋은 결실이 있으리라는 것을 의심치 않는다.

신나는 것은 어떤 형제와 자매가 예비자 십여 명을 주님께 봉헌한 사실이다. 저마다의 독특한 달란트를 발휘하여, 예비자를 주님께 봉헌하는 교우들의 모습에서 우리 신앙의 새로운 지평이 열리고 있음을 볼 수 있다.

으뜸교회의 참 본새

참으로 거룩한 교회의 본보기가 바로 우리가 몸담고 있는 한국가톨릭 교회가 아닌가 한다. 이는 어느 종교에서도 흔히 찾아볼 수 없는, 교회사에 찬연히 빛나는 의로운 순교자들이 많다는 사실이 이를 입증해준다.

순교는 자기가 믿는 종교를 위해 바치는 순명의 정신이요, 또한 행동이다. 따라서 우리 가톨릭에 있어서의 순교행위는 그리스도 진리의 말씀을 증거하고, 신앙을 보존하기 위하여 생명을 바치는 행위를 일컫는다. 죽음 앞에서, 어떠한 유혹에도 굴하지 않고 오직 용기로 진리와 정의를 지키는 행위는 하느님에 대한 절대적 신뢰와 끈끈한 사랑이 없으면 흉내도 낼 수 없는 엄청난 일인 것이다.

이를테면, 신덕과 망덕, 그리고 사랑의 표현으로 사람으로서의 능력을 뛰어넘는 초자연적 힘이 응축된 행위로서, 모든 덕행 가운데 가장 빛나는 행동이며, 또한 인간이 행할 수 있는 사랑의 표현 중 가장 절정을 이루는 행동이라고 할 수 있는 것이 바로 이 순교인 것이다. 그러므로 순교의 사실보다 더 하느님과 일치할 수 있는 사랑은 있을 수 없다.

예수께서는 "자기 목숨을 얻으려는 사람은 잃을 것이며, 나를 위하여 자기 목숨을 잃는 사람은 얻을 것이다."(마태 10:39), "옳은 일을 하다가 박해를 받는 사람은 행복하다. 하늘나라가 그들의 것이다."(마태 5:10) 라고 말씀하셨는데, 이는 그리스도의 진리를 증거하기 위해 순교할 순교자들의 구원을 약속하신 말씀이라고 볼 수 있다. 또한 예수께서는 "나 때문에 너희는 박해를 받을 것이다." 라고 말씀을 하셨는데, 이는 초대 교회의 300년 동안의 박해를 통해 역사적으로 입증된 바 있다.

1784년 조선 땅에 복음의 씨앗이 뿌려진 이후, 200여 년에 이르는 동안 1791년의 신해년 박해, 1801년의 신유년 대 박해, 1866년의 병인년 대 박해 등과, 일제 강점기와 6.25 동란 때의 고난 등을 통한 1만여 명의 순교는 2만 3천여 전체 신자 가운데 50%를 차지하는 숫자이니, 세계 교회사에 남을 위대하고 거룩한 순교의 본보기가 아닐 수 없다.

한국 천주교회의 역사는 한 마디로 말해 순교의 역사라고 말할 수 있을 정도로, 피를 뿌리고 또 그 숭고한 피로써 결실을 거두며 자라온 것이 사실이다. 이는 바로 이 땅에서도 그리스도의 예언적 말씀이 어김없이 실현된 예로 보아야 할 것이다.

이 같은 거룩하고 숭고한 순교정신은 오늘을 사는 이 시대 그리스도인에게도 면면히 그리고 박진감 있게 이어져야 함이 마땅하거늘, 현실은 그러하지 못해 씁쓸함을 거둘 수가 없다.

오늘의 한국사회를 조명해 볼 때, "벗을 위하여 제 목숨을 바치는 것보다 더 큰사랑은 없다." 라는 그리스도의 가르침을 구현하는 참모습은 좀처럼 보기 어렵다.

103위의 성인과 수많은 순교자를 배출한, 은총 충만했던 한국 교회의 모습을 어떻게 다시 재건할 수 있을지, 다시 한 번 머리를 맞대고 방안을 모색해 보아야 할 것 같다.

곳곳에 만연한 부정과 부패, 그리고 거짓과 위선, 사치와 향락이 판을 치고, 이기심과 사행심의 추악한 냄새가 역겨울 정도로 번져 있으니, 이래서야 어찌 이 땅을 복음의 천국으로 만들 수 있겠는가.

우리의 눈은 빛을, 우리의 입은 미소를, 우리의 가슴은 기도를, 우리의 이웃은 따사로운 신뢰와 애정을 점점 더 잃어가 눈 닿는 모든 곳이 다 황폐한 폐허로 변하고 있다. 물론 정도의 차이는 있겠으나, 따사로운 인정과 사랑이 메말라 가고 있는 삭막한 모습은 우리들 형제들 사이도 예외는 아닌 것 같다.

속이 빈 강정같이 허우대만 그럴 듯한 형제 자매 의식, 분명히 한 형제이고 자매이면서도 교회를 멀리하는 냉담 교우들에 대한 무관심, 정성을 잃은 봉헌…, 이 모두는 세상 끝날 때까지 이어져야 할 우리 신앙심에 무덤을 스스로 파는 일과 다르지 않은 행위로 지탄받아 마땅한 일들이다.

기도 따로, 행동 따로인 이중적인 생활은 하루 속히 치유되어야 할 우리들의 병이다. 소년 소녀 가장이나 결손 가정의 자녀들, 그리고 정박아나 심산 장애자, 불우노인 등…, 어렵고 외로운 이웃에 대한 관심이 점점 더 빛을 잃거나, 실종되어 간다면 속세의 범속한 사람들과 우리가 다를 것이 과연 무엇이겠는가.

루안로체가 지은, '예수님의 십자가가 된 뽐내는 나무'에는, 왕이라는 의미의 '렉스'의 이름을 가진 숲속에서 가장 건강하고 늘씬한 나무가 등장한다. 그는 늘 교만했고, 자기 스스로 숲속에서 가장 대단한 존재라고 늘 뽐내는 나무였다. 그러나 예수 그리스도께서 못 박히신 십자가가 되고, 그리스도께서 자신을 박해한 원수들을 아버지 하느님께 용서해 달라는 겸손과 사랑의 기도를 가장 가까이에서 들은 렉스는 주 예수께 그간의 교만과 보잘 것 없는 자신이 저지른 죄를 용서해 달라고 간곡히 빈다. 그리고 다시 태어나면, 주 예수처럼 살고 또 예수처럼 다른 사람들, 즉 이웃을 사랑하기 위해 노력하겠다는 다짐을 고백하고 죽음의 길로 들어선다.

그렇다. 예수님을 가장 가까이서 모시면서, 그 동안 얼마나 교만했던가를 뉘우치고, 또 얼마나 주님을 사랑했으며, 주위에 있는 나무들을 사랑했던가를 반추해 회개하며, 순명한 뒤에 새로운 새싹으로 자라난 숲속의 나무 렉스와 같이 그리스도인은 그리스도 안에서 끊임없는 회개와 참회하는 생활을 지속해야만 한다. 그 속에서 이웃을 늘 생각하는 사랑과 친절, 그리고 봉사와 희생의 알찬 씨앗을 심어 30배, 60배, 100배의 좋은 열매를 거둘 수 있도록 진짜 모범적인 신앙인으로 다시 태어나야만 한다. 이 일은 남을 위해서라기보다 자기 자신을 위해 한 시라도 빨리 행해야 할 일이다.

〈마태오 복음, 22장 34절~40절〉에서 예수께서는 율법서에서 어느 계명이 가장 큰 계명입니까, 하고 묻는 율법교사에게 대답하시기를 "네 마음을 다하고, 목숨을 다하고, 뜻을 다하여 주님이신 너희 하느님을 사랑하라." 이것이 가장 크고 첫째가는 계명이며, "네 이웃을 네 몸과 같이 사랑하라"는 것이 둘째 계명인데, 이 역시 첫째 못지않게 중요하며, 이

두 계명이 모든 율법서와 예언서의 골자가 된다고 말씀하셨다.

이웃에 대한 지극한 관심과 사랑은 아무리 강조해도 지나치지 않다. 사랑의 주님이신 그리스도를 경배하고, 참되게 모시는 길— 이 길은 오로지 주님께서 지극히 사랑하시는 가난한 이웃을 돌보고 돕는 데 있다. 이러한 그리스도인의 참다운 행태가 곧 으뜸교회의 참 본새가 됨은 두말할 필요도 없는 일이다.

알파와 오메가

인생은 아침 이슬같이 눈 깜짝할 사이에 왔다 가는 것이다. 그럼에도 우리는 이런 사실을 곧잘 망각하고, 되지 못하게 교만을 떤다. 바벨탑을 쌓아 하늘에 이를 수 있을 것처럼, 미련을 떨고 아무리 쥐어도 부족해 하며 권력을 쥐려 하고, 욕망에 빠져 허우적거리기도 하고, 황금에 눈이 멀어 장님이 되기도 한다. 심지어는 이웃의 생명을 뺏기까지 하는 백정 노릇을 서슴없이 자행하기도 한다.

이와 같은 비인간적인 행태들은 머리 위에 하늘이 있음을 망각한 채 눈에 보이고, 귀에 들리는 것이 세상의 모두라고 생각하는 어리석은 착각 때문에 비롯되는 것이다.

이 어리석음을 벗어날 수 있는 으뜸의 가르침이 바로 종교인 것이다. 그 중에서도 참된 내세를 제시하고, 그에 이르는 길을 제시해주는 크리스트교인 것이다.

그리스도께 미천한 우리 영육을 의탁하고 산다면, 덧없는 삶이라고 하는 지상의 삶을 결코 그렇지 않은 것으로 장식할 수 있을 뿐만 아니라, 확실한 영생을 누릴 수 있는 길을 확보하게 된다.

세속적 삶은 언제나 무거운 스트레스에 짓눌려 영일을 누릴 기회가 없다. 이 버거운 삶을 극복하는 슬기는 오직 신앙 안에서 찾을 수밖에 없다. 교회 안에서, 주님의 사랑을 맛들이며 살다 보면 온갖 고통과 번뇌는 씻은 듯 사라지고, 평화와 안식을 얻는 기쁨을 만끽하게 된다.

교회는 구원의 안식처이다.

주님은 늘 우리에게 사랑의 양식을 주시며, 피곤한 영육을 달랠 수 있는 휴식처를 제공해 주신다. 그렇기 때문에 우리는 그저 주님께 모든 것을 의탁하고, 그분의 뜻을 따라 착하게 살기만 하면 된다. 주님 안에서 사는 것이 진솔한 우리 삶의 알파이자 오메가이다.

혼인 갱신식과 하느님의 사랑

오늘날 우리 사회 일각을 보면, 그릇된 악습으로 그 폐해가 적잖음을 볼 수 있다. 남녀 간의 퇴폐적이고 문란한 성문화도 한 예의 하나가 된다.

중 · 장 · 노년층 가릴 것 없이, 심지어는 나이 어린 미성년자들까지도 성적 대상으로 탐하고 있는 실정이다. 티 없이 해맑게 자라야 할 미성년자들마저 기성세대를 뺨칠 정도로 성을 도구로 하여, 돈과 쾌락을 함께 획득하려 별의별 짓을 다 한다. 한마디로 남녀노소가 따로 없는 목불인견의 추태가 부끄럼 없이 행해지고 있다.

이혼이 급증하는 것도 부도덕한 성문화와 결코 무관하지 않다고 보아야 할 것이다. 이유야 어찌 되었건, 하느님의 자녀된 이들이 부부의 인연을 끊는 것은 용서받을 수 없는 큰 죄를 짓는 일이 된다. 이들이 다른 남녀와 재결합하는 일도 성서의 가르침에 반하는 죄악임은 두 말할 필요도 없다. 크리스천이 평범한 세속인들처럼 부부가 남남으로 갈라서는 일은 없어야 마땅하다.

이런 의미에서 성당에서 교회법에 의해, 사제의 주례에 따라 부부 사랑을 새롭게 다지는 '혼인 갱신'의 의례를 가지는 것은 매우 바람직한 것이라고 생각한다.

나도 몇 해 전에, 성스러운 혼인 갱신을 하고, 부부사랑을 일신한 바 있다. 하느님의 사랑 안에, 하느님의 성전에서, 새롭게 부부 사이의 사랑을 다짐하는 행사는 하나의 의례적인 의식이라기보다는 특별한 의미를 갖는 일로 인식되어야 할 것 같다.

가톨릭 교우만이 가질 수 있는, 이 아주 특별한 혼인 갱신 운동이 일반 사회에까지 반향을 일으켜, 우리 사회가 하루 속히 정화될 수 있기를 기도해 본다.

신부님과 카네이션

바로 얼마 전, 성소주일의 우리 가수원 본당에는 감사와 은혜의 상징인 카네이션이 여기저기에 만발해 눈 닿는 곳마다 모두가 화원이었다. 까닭은 어버이날을 앞당겨 기리면서, 나이 드신 교우들의 왼쪽 가슴에 카네이션을 달아드렸기 때문이다.

어버이들의 가슴에 보은의 뜻을 담고 있는 카네이션을 달아드리는 아름다운 이 행사는 윤 가브리엘 주임신부님이 본당에 부임해 오신 해부터 계속 지속해 온 뜻 깊은 행사이다.

예년에도 그랬듯이 이번에도 어버이의 가슴엔 신부님이 손수 카네이션을 달아 주셨다. 교우들이 잠시 일상의 시름을 잊고, 어버이를 생각하는 마음의 여유를 갖도록 하기 위해 섬세히 배려하시는 신부님의 고마운 마음씀이 눈물겨운 그런 날이었다.

사실 어버이날에 그분들의 은혜에 보답하기 위해 감사의 꽃이라도 한 송이 달아드리고, 자식된 도리를 다하지 못함을 안타까워해야 하는 것은 우리의 당연한 몫으로 동시에 마땅히 행해야 할 의무라고 볼 수 있다. 혹시라도 이 일에 소홀함이 있을까 하여, 당신께서 직접 참여하셔 주관하시는 것을 보고, 너무 황송해 내 눈가에는 나도 모르게 눈물이 어리곤 했었다.

이러한 신부님의 배려에 우리가 적절히 보답하는 방법은, 참신앙의 의미를 깨닫고, 열심히 신앙생활을 하는 길밖에는 다른 방도가 없으리라고 본다.

가장 인간적인 생활을 영위해 가는 것이, 모범적인 신앙생활을 지속해 가는 가장 이상적인 모습이라고 볼 수 있다. 아무리 우리 주변이 부패되고, 오염되어 제 본래의 모습을 잃고 있거나 점차 잃어 간다고 하더라도 견고한 신앙심으로 굳게 뭉쳐, 교회가 해야 할 마땅한 사명을 묵묵히 잘 수행해 나간다고 하면, 사실 두려울 것이 있을 리가 없다. 그 길만이 지상에 낙원을 만들어, 하느님의 왕림을 간청드릴 수 있는 유일한 길이기 때문이다.

받을 줄만 알고, 드림에 인색한 것은 인간된 도리가 아니다. 신부님이 신자들에게 베푸신 바처럼 우리도 그분께 드릴 수 있는 것이 있다면, 모두 드릴 수 있는 마음의 준비를 단단히 해야만 한다. 물론 그분은 영적 생활하시는 분이고, 그것에서 삶의 보람을 찾으시는 분이기 때문에 물질로 보답하는 것은 사실상 무의미하다. 가장 좋은 방법은 신심으로 보답하는 것이다.

사실 오늘날 우리는 저마다 인간다운 멋을 잃은 채 살고 있다. 지나친 경쟁 심리와 물질 만능주의로 인해 남을 배려하는 마음보다는 어떻게라도 상대를 능가해, 그보다 우위에 서려는 편협한 이기주의로 무장되어 있기 때문이다. 물질을 목표로 하고, 또 목적으로 삼은 삶은 죽는 날까지 발버둥을 쳐도 결코 만족함에 이르지 못할 뿐만 아니라, 또 본래 이를 수도 없는 것이다. 평생을 살면서 한 번도 만족함에 이를 수 없다는 사실을, 생각만 해도 얼마나 비참하고 또 안타까운 일인가.

물론 현실적인 문제를 완전히 배제한 행복이나 만족은 존재할 수가 없다. 그것들 역시 세속에 터전을 마련하고 사는 우리들에겐 간과할 수 없는 행복의 원천이기 때문이다. 그러나 빵만으로 살 수 없는 것이 우리의 삶이라는 사실도 잊지 말아야 한다.

날로 심해지는 악마구리 같은 이 세속에서 가녀린 어린 양들을 사랑으로 돌보시는, 목자이신 신부님의 삶이 어느 권력가나 재산가의 그것보다 가치 있게 인식되는 것은 그 분의 삶의 목표가 허황한 위세나 물질에 뿌리내리고 있지 않기 때문일 것이다.

주님의 은혜가 그 분의 사업에 함께 하셔, 꿈꾸시는 사회가 하루 속히 완성되길 진심으로 기원드린다.

우리는 선택받은 존재

요즘의 사회를 가만히 들여다보면, 소돔과 고모라가 다시 태어나 활동을 재개한 듯한 인상을 받을 때가 있다. 머리 위에 하늘이 있음을 알면서도, 어리석고 교만 방자한 행태가 횡행하고 있기 때문에 이르는 말이다.

사랑과 어짊과 자비를 깨우쳐야 하는 사명을 띤 종교집단도 양적 발전만 도모할 뿐, 소명 실천에는 게으른 모습을 보이고 있는 것이 사실이다. 하지만 눈을 돌려 바라보면, 우리 사회는 아직 충분한 희망이 있다. 평생을 검약하며 애써 모은 재산을 어려운 이웃, 고통 받는 이들, 공익사업에 쾌척하는 의인들이 적지 않기 때문이다.

어느 방송의 '칭찬합시다'라는 프로나, 우리 가톨릭 교회 안의 음성 꽃동네, 성모의 집, 성모의 마을, 요셉의 집 등이 그러한 예로 들 수 있을 것 같다. 그리고 그리스도를 모르는 이들을 그리스도의 사랑 안으로 들어서게 하는 전교사업 등, 여러 형태의 희생 · 봉사활동과 구원사업들도 그러한 예로 보아야 할 것 같다.

물론 여러 가지 핑계로 냉담을 풀지 않는 일이라든지, 방탕한 일에 탐닉하거나 이웃 영육들을 아프게 하는 일 등, 비그리스도적인 행태가 없는 것은 아니나, 이는 빙산의 일각에 지나지 않을 뿐이고, 대부분의 크리스천들은 수범적 생활을 영위하고 있다. 이런 크리스천의 모습들 때문에 우리 사회가 이만큼 건강을 유지하며, 지속적인 발전을 거듭하고 있는 줄도 모른다. 그러나 이 말을 하면서도, 과연 그럴까 하는 의구심을 품게 되는 것은 과연 무슨 연유일까. 가슴에 손을 얹고 반성해 보아야 할 것 같다.

크리스천의 한 사람인 나 자신도 암울한 사회 분위기를 쇄신할 수 있는 촛불이 되어 보려고 나름의 애를 다해 보기는 하지만, 가진 것이라고는 늘 부족함뿐이어서 항상 불 꺼진 초로만 남아 있는 것이 사실이다. 무엇보다 먼저, 내 몸에 성령의 불을 밝히는 일에 매진해야겠다는 다짐을 해 본다. 그래야 만이 주위를 밝힐 수 있을 테니 말이다.

사랑의 주님께 올리는 고백성사

그 무엇 하나 뚜렷하게 이루어 놓은 것도 없이, 내가 벌써 지천명의 나이도 훨씬 넘는 연륜만 더해 왔다니, 새삼 빛살같이 빠른 세월 속에 속절없이 지난 덧없는 인생을 절감케 된다.

내 이 나이까지 내 애비 딱 한 번 본 게 전부여서 기억조차 없고, 열 살도 채 안되어서부터 내 어머님하고 떨어져 살기를 밥 먹듯 해온 삶 — 코흘리개 적부터 사회적으로 바르게 서는 삼십 이전까지 눈칫밥 천덕꾸러기로 살아온 시간, 같은 시공 안에 언제까지고 늘 고마움의 대상으로 살아 계실 셋째 외숙님의 남다른 생질 사랑, 그 사랑 먹고 남사랑 정신 키워가며 열심히 살아온 새 삶의 이력, 그러나 정작 나 자신, 내 가족, 내 이웃, 우리 겨레, 나라를 위해 뭐 하나 해 놓은 게 없다. 생각으로 되돌아보니, 할 일 없이 걸어온 세월이어서 50이 넘게 나이 먹은 것도 실감이 없다. 얼마나 부실하게 살아온 삶이며, 한 푼 철학도 없이 아까운 시간만 속절없이 낭비해 온 삶인가. 그저 창피하고 부끄럽기 그지없다.

생각 있어 걸어갈 세월이 짧다고 하는 것은 참으로 안타깝고 서글픈 일이다. 이러한 세속 생활의 허무를 느끼면서도 가치 있는 삶을 찾지 못하고, 어정쩡하게 또 아까운 시간만 축낸다면, 이것도 또한 서글픈 일이다. 허무한 인생, 내일을 모르고 사는 인생이 허무를 그대로 인정하고 가치 있는 삶을 살 수 있는 아름다운 길은 내세를 제시하는 올바른 종교를 찾아 성실히 믿는 믿음의 길일 것이다.

이는 종교란 것이 으뜸의 가르침이란, 사실로도 입증되는 사실이다.

참다운 종교가 영육간 참아내기 어려운 수많은 고통 속에 허우적거리며 어렵게 사는 살맛 없는 삶들에 진정한 위안이 되고, 희망으로 이끄는 구원이 되고, 슬기롭게 살아갈 수 있는 참다운 빛과 사람의 알파요 오메가임을 나는 나 자신의 경험을 통해서도 절감을 했다.

난 예전 모 대학에 있으면서 학내의 불합리한 행 · 재정 관리 그리고 비민주적인 경영의 개선을 위해 동료 교수와 더불어 이의를 제기해 슬기롭게 해결한 적이 있었다. 이로 인하여 아주 잠깐 동안의 명예 비슷한 것을 맛본 적이 있으나, 이 때문에 대신 긴 고통을 겪어야만 했다. 사실 최선을 다해, 그리고 정의롭게 어려운 일을 해낸 기쁨에 비하면, 말 그대로 남가일몽(南柯一夢)이었다. 그리고 내 명예의 반면교사인 일부 가라지들에 의해 은밀히 자행된 악의적 음해성 장난은 지리한 장마처럼 길었다. 내가 오랫동안 겪은 영육 간 감내키 어려운 고통과 상처는 실로 형언키 어려울 정도로 컸다.

이처럼 고통스런 나날을 보내고 있을 때에 주님은 사랑으로 날 이끌어 주셨다. 내가 보임을 맡은 기획관리실에 있는 참으로 모든 면이 아름다웠던 최지은 마리아를 통해서였다. 최 마리아는 나의 심적 고통을 그 누구보다도 잘 알고 있었기에 영육간 괴로움을 떨궈내지 못하는 나를 주님께로 이끌어 준 것이다. 최지은 마리아는 내 신심생활에 잊을 수 없는 은인이다. 마음 씀씀이가 너무도 예뻤던 최 마리아가 날 주님 궁전에 봉헌해 준 이후, 난 그간의 감내키 어려웠던 일에서 벗어나 안정을 찾기 시작했다. 이 모든 일은 주님이 당신 안으로 날 성령으로 부르시고, 사랑으로 이끄시기 위해 미리 준비하셨던 시련이었던 것 같고, 또 이끄심이었던 것 같다. 이렇듯 온통 사랑이신 주님의 은총으로 나는 지금까지도 즐거운 마음으로 신심생활에 매진하고 있다.

그런데 이 무슨 사탄의 희롱이란 말인가. 내 신앙생활은 점점 재가 보기에도 수범적이라 할 수 없을 만큼 무너져 가기 시작했다. 마치 주님 사랑에 배은하지 못해 안달이 나 죄를 점점 키워가는 사람처럼 내 신앙은 하루가 다르게 몰락의 길로 들어서고 있었다. 스스로 죽음의 길을 택한 것이나 다름없었다.

다른 교우들이 보기에는 어땠을지 몰라도, 내가 나를 생각해도 한때는 참 열심히 신앙생활을 했던 것 같다. 열심히 기도하고, 봉사도 했으며, 신심 단체에 나가 활동도 적극적으로 했다. 이랬던 내가 갑자기 돌변하여 주일미사에만 겨우 참석하는, 이름만 신자인 사람으로만 남게 된 것이다.

나의 신앙상태가 이러했음에도 불구하고, 성당의 각종 봉사단체의 직책은 체면도 없이 도맡아 그 무게에 짓눌려 기를 못 필 지경이었다.

참다운 신앙은 아름답고 영원하며, 사람들의 마음에 늘 사랑의 모태로 존재해야만 한다. 주님 안에서 주님의 이름으로, 주님만을 끝없이 찬미하며, 착하게 살기를 세례성사를 통해 서약한 내가 참다운 신앙생활을 건실히 하지 못한 것은 이제 생각해도 실로 부끄러운 일이다. 부끄러운 변명이겠으나, 주님의 성스런 가르침을 세속 현실에 접목시키면서 살아가기가 현실적으로 얼마나 어려운가를 실감했던 때였다고 볼 수 있다.

사실 모든 것이 내 탓이겠으나, 실제 작금 10여 년 동안에 나는 같은 대학에 있는 한 교수 때문에 필설로 다할 수 없는 심대한 고통을 받으며 살고 있다. 내 아무리 곱씹어 생각해 보아도, 그가 나에게 특별히 악한 감정을 가질 만한 계기나 사정을 제공한 적이 없는 것 같다. 그럼에도 불구하고, 그가 왜 내 인생을 심대히 훼손시키며, 일방적으로 그리고 끈질기게 괴롭히는 이유를 알 수가 없다. 그가 나를 괴롭히는 병적인 행태는 가히 조직적이고, 체계적이라고 할 수 있다.

나는 지금도, 예전에 그리도 친애해 마지않던 그 교수의 이해할 수 없는 치졸한 행태가 언제나 마음에 걸린다. 남을 괴롭히기 위해서는 자신도 적잖게 괴로워야 할 텐데 왜 그리 피곤한 일을 자청해 하고 있는지 정말 모르겠다. 사실 영육 간에 겪는 고통과 갈등을 해결할 수 있는 실마리를 마련하는 것은 결자해지(結者解之)의 차원에서 마음이 틀어져있는 사람이 먼저 흉금을 터놓고, 앙금이 생긴 이유와 그 해결안을 진솔한 대화를 통해 제시하는 것이 가장 현명한 조치일 텐데, 그럴 조짐조차 전혀 보이지 않고 있으니, 늘 마음이 무겁고 안타깝다.

누구나 살아가다 보면, 현실과 이상이 일치하지 않는 경우가 많음을 어쩔 수 없이 경험하곤 한다. 그는 지금 현실적으로 하나도 부족함이 없는 위치에 있기 때문에, 굳이 나와 이런 저런 대화를 해야 할 필요를 느끼지 않고 있는 줄도 모른다. 그의 처세가 자기에게 이로울 것이 있으면

별의별 수를 써서라도 접근을 시도하고, 별 소득이 없는 경우에는 언제라도 헌신짝 집어던지듯 행(烹)하는 위인으로 알려져 있다는 점이 더욱 이런 생각을 갖게 한다.

그렇다고 졸지에 내가 그에게 필요한 사람으로 부각될 그런 위인도 아니니, 언제나 마음의 그늘을 지울 수 있을지, 이만저만한 걱정거리가 아니다. 그러나 매사는 뿌린 대로 거두는 것이라고 하여, 사필귀정(事必歸正)이라고 하는 말도 있지 않은가. 그리고 나 자신이 지금까지 그한테서 인간적으로 수많은 고통을 받고 생활해 왔다고 해서, 그를 원망하고 그릇된 사람으로 비난하면 똑같은 사람으로 될 것 같아, 가능하면 염두에 두지 않으려고 나름대로는 애를 쓰고 있다.

학자가 내 공부만 하면 되는 것이지, 남의 눈을 쓸데없이 의식하는 것 또한 할 일이 못 될 것 같아 요즈음은 거의 무시하고 생활하고 있다. "남을 판단하는 사람이라 하더라도 자기는 죄가 없다고 말할 수는 없습니다. 남을 판단하면서 자기도 꼭같은 짓을 하고 있으니, 결국 남을 판단하는 것은 바로 자기 자신을 단죄하는 것입니다."라고 성서는 남을 단죄하는 것을 경계할 것을 강조해 가르치고 있다. 하느님의 자녀로 사는 나 자신이 내 억울함으로 해서 남을 단죄한다 함은 결과적으로 하느님 가르치심을 거스르는 짓이 된다.

하느님께서는 각 사람에게 그 행실대로 갚아 주실 것이라고 했다. 꾸준히 선을 행하면서, 영광과 명예와 불멸의 것을 추구하는 사람들에게는 영원한 생명을 주실 것이고, 자기 이익만을 생각하면서 진리를 물리치고 옳지 않은 것을 따르는 사람들에게는 진노와 벌을 내리신다 했다. "앙갚음하지 말아라. 누가 오른뺨을 치거든 왼뺨마저 돌려대고 또 재판에 걸어 속옷을 가지려고 하거든 겉옷까지도 내 주어라.(마태 5:39~40)", "원수를 사랑하고 너희를 박해하는 사람들을 위하여 기도하여라(마태 5:44~45)"와 같이 주님은 오로지 참으며 사랑할 것을 가르치셨다.

주님의 가르치심이 참으로 온당하심은 누구나 다 아는 사실이며, 이는 불변의 진리이다. 원수를 사랑하고 박해하는 사람들을 위하여 기도하라시며, 오로지 서로 사랑하기를 강조하신 주님께서는 정작 세속에 계시는 동안 이루 말할 수 없는 고통과 핍박을 받으셨다. 뭇사람들로부터 존경과 사랑받기보다는 시기와 미움, 멸시와 야유 따위만 더 많이 받고 사셨다. 어리석고 사악한 인간들의 온갖 악행과 황당한 죄명으로 옥죄는 형벌을 그대로 받으셨고, 끝내는 사랑을 베푸시는 은혜를 배반으로 갚는 죄인들에 의해 십자가형을 받으시어 처참하게 돌아가셨다.

그럼에도 주님께서는 억울한 죽임을 당하시는 마지막 순간까지도 사악한 인간들의 죄를 용서하시는 사랑을 베푸신 것이다. 실로 아름다운 사랑의 극치가 아닐 수 없다. 겸손과 사랑의 알파이자 오메가이신 주님께서 이렇듯 사람들을 죄악에서 회개시키려고 끝까지 자비와 관용과 인내를 베푸셨다. 그런데 주님의 자녀로 사는 나 자신이 언제까지고 나를 괴롭히고 있는 그를 원망만 하며, 용서하는 마음을 갖지 않는다는 것은 얼마나 부끄럽고 추한 짓인가. 내가 남을 용서하지 않는 옹졸하고 추한 모습으로 주님을 속이며 모신다면 어찌 참다운 자녀라고 할 수 있으며, 주님이 한없는 사랑과 자비를 내려 주시기를 청원할 수 있겠는가.

주님의 사랑과 자비를 바라면서 나는 남을 용서하지 않으면, 이는 지나친 욕심을 부리는 일에 불과하다. 나 스스로 나를 괴롭히는 평상심을 유지하며, 기쁘게 살아가는 일이라고 생각한다. 마음 안에 웅크리고 있는 미움과 억울한 피해의식을 떨쳐 내고, 스스로 영육간의 건강을 새 각오로 추스르는 길만이 나를 위한 최선의 배려임에 틀림이 없을 것이다. 이를 바탕으로 더욱 올곧은 심신에 의해 성실하고 신망 받는 신앙생활을 꾸려가는 참 신앙인의 자세를 견지해 간다면 어떤 어려움도 한낱 티끌에 불과한 앙금 같은 것은 자리할 틈도 없으리라고 본다.

실로 참답게 사는 길은 선한 생각, 좋은 행실로 자신과 가정, 그리고 이웃을 위해 성심으로 봉사하고, 사랑하며 사는 것이다. 본의든 아니든 이와 다르게 사는 삶은 분명 불행하게 사는 삶이라고 할 수 있다.

난 진정한 크리스천으로서 부끄럼 없는 삶을 살아갈 수 있는 지혜와 용기를 풍성히 내려 주십사고, 사랑이신 나의 주님께 열심히 기도하며 의지하는 사람으로 남은 세상을 살고 싶다. 그리하여 주님으로부터 사랑 받는 자녀 되기를 어떤 유혹에도 흔들리지 않고 굳센 신심을 지키며 성실히 살 수 있고, 또 살 것을 주님께 바치는 고해성사로써 다짐해 본다.

만왕의 군왕이신 나의 주님, 제 다짐이 또 하나의 죄짓는 헛다짐이 되지 않도록 굳게 붙잡아 이끌어 주시고, 사랑 주시옵기를 주님의 이름으로 빕니다.

자연과 신 앞에 겸손한 인간

인구(人口)에 회자하는 '소크라테스'가 "너 자신을 알라"라고 한 말은 바꾸어 말하면 "나 자신을 알라"는 것이고 나아가서는 "인간임을 알라"라는 뜻으로 받아들일 수 있다. 그러면 "너 자신을 알라"라는 말은 "인간임을 알라"는 뜻으로만 이해되고 말 것인가?

이 정도의 철학만 담고 있다면 이 말씀은 '진리'에 이르는 말씀으로는 부족하달 수밖에 없을 것이다. 무엇인가 이 속에는 참으로 깊고 그윽한 철학이 담겨 있음을 아는데 발견의 기쁨이 있지 않을까 한다.

아마도 "인간임을 알라"는 속뜻을 지니고 있는 "너 자신을 알라"는 말씀 속에는 인간을 무한으로 포용하고 있는 우주의 세계 곧 "자연(自然)을 알라"라는 뜻과 모든 있음의 근원이신 "신(하느님)을 알라"라는 참뜻이 담겨져 있음이 아닌가 한다.

우리네 인간은 잠시도 자연을 벗어나서는 존재할 수 없는 자연, 그 자체이기도 하면서, 하느님 앞에는 한낱 피조물로 존재하는 보잘 것 없는 유한(有限)의 생물체에 불과할 따름이다. 이렇듯 미미한 존재임에도 불구하고 우리네 인간은 참으로 어리석어 우리를 존재하게 한 자연과 하느님 앞에 두려워함이나 겸손함도 모르고 도도함과 겁 없음이 그악스럽기까지 하다.

우리와 우리의 후손들이 대대로 복된 삶을 이어나가야 할 천혜(天惠)의 자연이 지각없는 어리석은 인간들에 의하여 날로 훼손되고 파괴되어지는 사실들이나 머리 위에 하늘(하느님)이 있음을 깨닫지 못하고 주머니 속의 돈만을 헤아리는 비인간적인 속성에서 자연과 신을 두려워할 줄 모르는 인간의 어리석음을 보게 되는 것이다.

이 같은 어리석음은 인간이 자연이라는 육신의 일부라는 사실과 인간에게 있어 정신이 육신을 지배한다는 너무도 평범한 진리를 알지 못하는데 있다 할 것이다. 그러므로 오늘을 사는 우리는 "너 자신을 알라"는 말씀을 되새기면서 자연과 신 앞에 겸손할 줄 아는 슬기를 지녀야 함이 마땅하다.

믿음의 그릇

나는 생각과 말과 행동함이 참으로 바른 한 아름다운 미혼의 여성을 알고 있다. '마리아'란 세례명을 받은 독실한 카톨릭 신자인 이 여성은 늘 맑고 잔잔한 미소 속에 모든 일을 성실히 기쁨으로 행하며 지성과 겸손의 미덕을 갖춘 인물 됨됨이의 안팎이 아름다운 여성이다. 이처럼 이 여성에게서 돋보이는 아름다움은 천주께 오롯이 바치는 굳센 믿음의 일상적 생활에서 비롯되는 자연스런 모습 때문이라는 것이 나의 생각이다.

한 세상을 살아가면서 믿음은 우리의 삶이 이어지는 한 생명과 함께 존재하는 아낙스런 작용으로 매우 진솔한 의미가 있다. 이 같은 믿음이 어떠한 그릇과 약으로의 믿음이 되느냐에 따라서 삶의 질이 사뭇 판이하게 달라진다.

우리 삶에 영글고 알찬 기쁨과 축복을 안겨주는 믿음은 좋은 그릇과 약이 되는 믿음이지만 이와 반대되는 믿음은 좋지 못한 그릇과 해악이 있을 뿐인 비극을 초래하는 사악한 믿음이 된다.

이 같은 이치로 보면 마땅히 오늘의 이 사회가 기쁨과 축복은 안겨주는 믿음 충만한 사회가 되어야 함에도 기실은 반대의 현상이 팽배하다.

이를테면 철학 없는 지도자들의 비도덕·비윤리적은 행태나 가진 자, 못 가진 자들을 더욱 갈라놓는 듯한 경제실책, 황금만능 추구에 따른 인명경시 풍조의 몰락 직전의 사회실태, 저질의 도색이 판치는 외래문화의 범람, 인간이면 누구나 진실로 구원받고자 하는 가장 기본적인 심리를 악용한 사악한 종교집단들의 반사회, 반인륜적인 사기 행각 등등이다. 이는 우리의 사회가 얼마나 기막힌 불신의 사회로 전락했는가를 극명하게 보여주는 한 예이다.

때문에 진실로 우리가 오늘에 있어 힘써 해야 할 일은 참다운 믿음을 심고 펼치는데 성심을 다하는 일이다.

이렇게 하면 기 막히는 깜깜 절벽의 사회가 기가 막힘없이 잘 통하는 밝은 사회로, 살맛나고 따사로운 인정 넘치는 멋진 사회가 됨은, 불을 보듯 분명해진다.

제3부

말에서 천국과 지옥이

우리말과 언어 공해

"말은 얼(정신)을 지배하고 얼은 말을 지배한다."는 언어학적 설명은 이미 상식에 가까운 것으로 이는 그만큼 말과 얼과의 밀접한 관계를 대변해주는 말이라 할 수 있다. 아울러 이 말은 겨레말과 겨레 얼과의 관계에서도 어김없이 적용되는 것이다.

그러므로 겨레의 말이 튼튼하면 겨레 얼도 건강하고, 겨레말이 잡스러우면 겨레 얼 또한 혼탁해진다는 이론이다. 때문에 각국들은 한결같이 제 나라의 말을 깨끗이 보존하기에 온갖 노력을 다한다. 이러한 사실을 아는 우리가 우리 겨레의 옹골찬 얼을 고스란히 담고 있는 우리말을 깨끗하게 지켜 쓰고 아름답고 옹골차게 갈고 닦아 써야 하는 것은 너무도 당연하다.

그러나 오늘의 현실이 그러하지 못한 데 문제가 있다. 우리말의 현실은 매우 안타깝고 참담하다.

문자의 종주국인 중국에서조차 오늘날 잘 쓰고 있지 않는 시대의 퇴

물인 어려운 한자말이 우리말을 밀치고 주인 노릇을 하고 있음이나 이 겨레의 뿌리마저 송두리째 뽑고자 했던 왜말의 찌꺼기가 아직도 우리말 가운데 버젓이 쓰여지고 있는 것이라든지, 국적 불명의 서양 말이 우리말 밭에 판치고 있는 것 등이 그것이다.

이뿐이 아니다. 우리 말도 아니고 서양말도 더욱 아닌 회색빛깔의 언어들, 이를테면 '유니나(윤이나), 타미나(탐이나), 새미나(샘이나), 마주앙(마주보다), 라또마니(라면도 많이)'와 같은 국어순화를 앞세운 서양말 냄새가 나도록 만들어 놓은 얄팍한 상혼(商魂)이 빚은 사이비 언어들과 '테레비(텔레비전), 빵꾸(펑크), 도락꾸(트럭), 부레끼(브레이크), 흑판(칠판), 백묵(분필)' 같은 일본식 영어나 한자어 따위 '쏘(쐬), 주(소주), 쌍(쌩)놈(상놈), 쌔끼(새끼)' 따위와 같은 된소리에 의한 극단적인 잡스런 말들에서 우리말의 더렵혀짐이 더해지는 원인들이다.

그러면 우리말이 어찌하여 이처럼 빛을 잃어가고 있는 것일까? 이는 아마도 남의 것에 대한 무조건적인 선호사상과, 내 것을 얕잡아 보는 지나친 열등의식, 유식을 자처하는 지식층들의 그릇된 허세주의, 무지에 의한 일관성 없는 어문정책 등이 낳은 소산일 것이다.

이제는 이러한 부끄러운 어리석음을 거듭해서는 안 된다. 오로지 더렵혀진 우리말을 깨끗이 하고 알차게 갈고 닦아서 명실상부한 세계어, 국제어로 키워나가는데 우리의 슬기를 다해야 할 따름이다.

참다운 독서를 하자

높은 하늘과 풍성한 계절미를 느끼게 하는 가을, 코스모스와 더불어 우리 곁에 다가오고 있다.

교양인, 지성인으로 일컬어지고 있는 대학인들의 독서량은 과연 얼마나 될까? 거리를 걷다보면 손에 책을 들고 다니는 학생들을 흔하게 볼 수 있다.

결실의 계절임을 알리기라도 하듯, 가을이면 봄 · 여름 동안 준비해오던 많은 행사, 특히 문화행사가 줄을 잇는다. 이러한 많은 행사들이 줄을 서서 젊은이들의 발길을 기다리고 있음에도 언제나 들려오는 소리, 죽어가는 대학문화란 말에 대해 바로 반박을 하고 나설 수 없는 이유는 과연 무엇 때문일까?

언제나 그러하듯이 무더운 여름이 떠나고 가을의 문턱에 들어서는 이맘때쯤에 등불을 가까이 해야 하느니 독서의 계절이니 하면서 시장 동네처럼 떠들썩하다가 찬바람이 불어오고 계절이 바뀌게 되면 언제 그런 말을 했느냐는 듯이 그냥 잊어버리고 지나쳐 버리기 일쑤다. 정말 너무 쉽게 망각해 버리는 그 자체가 문제라면 문제다.

그러나 학문과 인격을 도야하는 상아탑을 이루고 있는 대학인들은 대부분, 아니 모두가 늘 책하고 생활하니까 책을 읽는 것이 생활화 되었으리라고 믿고 싶다.

책읽기, 책을 보고 싶은 이, 언제 보아도 언제 들어도 참으로 기분 좋은 어휘임에는 틀림없다. 이제는 우리들이 그 동안 진열장의 책에 먼지가 쌓여가던 많은 책을 한번쯤 살펴봐야 함이 옳지 않은가?

또 서로가 주고받는 대화 속에서도 시대의 찌들은 얘기보다는 간접경험의 하나인 독서에 관한 얘기, 우리가 어제 보았던 그리고 내일 볼 문화행사에 관한 얘기를 나눈다면 그 또한 작은 물줄기가 되어 대학 문화의 큰 줄기에 지류가 될 수 있을 것이다.

이제 부족함이 없는 계절, 가을이 되었다. 모든 것이 만족스러운 만큼 많은 결실이 있는 계절 또는 마음의 양식인 책 한권과 함께 떠날 만한 사색의 여행으로 또는 작가의 모습으로 변해보고 싶지 않은가?

그렇게 책을 가까이 하면 또 다른 젊음의 소리가 어우러져 있는 작은 소강당의 연극무대를 찾아 작은 감동을 받을 수 있다면, 새롭게 태어나는 나, 다시 태어나는 나, 대학문화의 작은 밀알이 되지 않겠는가?

물론 필자는 어떤 편견을 가지고 개인의 취미생활을 탓하고 싶은 의도는 추호도 없다.

얼마 전까지만 해도 개인의 취미를 묻는 난에 독서라고 쓰는 이들이 많았던 것으로 기억된다. 한편으로 생각하면 독서가 취미일 수 있는가? 하고 한번쯤은 웃음을 던져본 이들도 많았을 것으로 생각된다.

이렇게 독서가 취미가 될 수 있는가? 이에 반문의 웃음을 지을 수 있는 이들은 아마 독서가 우리 생활 속의 필수적 요건으로 인식하고 있기 때문에, 아니면 현대를 살아가는 문화인이라면 항상 책을 읽어야 한다라고 생각했기 때문에, 의문의 웃음을 지닐 수 있었을 것으로 생각된다.

이러한 기류를 이끌어 나가야 할 대학가는 어떠한가?

우리에게 필요한 것을 겉으로 보이기 위한 위선보다는 그 내면 깊이 살아 숨 쉬어야 하는 정서 바로 그것일 것이다. 근래 대학가에서 대학인들의 평균 독서량을 1달에 3권 이상이 45%를 차지하며 연극 등 문화행사 관람도 1달에 한두 번 정도가 대다수로 밝혀지고 있다.

그러나 앞서 말했듯이 이처럼 겉으로 보기엔 풍성한 대학문화가 그 내면적인 모습에서 죽어간다는 말이 나오면 그 잘못은 어디에서 찾아야 할까?

물론 독서나 문화행사 관람만이 대학문화의 척도로서 부족할 것이다. 그러나 눈만 돌리면 버젓이 서 있는 디스코텍이나 당구장, 술집, 거기에 퇴폐영업소 등 젊은이들의 발길과 마음을 유혹하고 많은 것들로부터 언제나 바쁘고 진지한 서점가를 볼 때면 흐뭇함을 느낄 수 있기에 발길을 돌려보는 마음의 여유를 한번쯤 가지는 것이 어떨지?

어떻든 독서가 주는 이익과 기쁨은 헤아릴 수 없는 것이 아닐까?

물론 시간에 쫓기는 사회구조 속에서 현대인이 겪는 스트레스라는 것 때문에 그 해소책으로 자신뿐 아리라 모두가 같이 즐기는 휴식시간과 휴식공간이 필요한 것은 사실이다.

메말라가는 현대사회에서 자칫 낭만이란 두 글자를 무색하게 하는 아스팔트 문화시대를 살아가는 우리들은 무엇을 찾아야 하는가를 설정해 나갈 수 있는, 충족시킬 수 있는 것은 독서라 생각한다.

젊은이만이 누릴 수 있는 향기를 코스모스 향기와 더불어 이 좋은 계절에 만끽하고 싶지 않은가?

빈 강의 시간에 나무 그늘이나 벤치에서 책을 읽고 있는 우리네 대학인들의 모습은 분명히 이 나라와 사회를 이끌어 나갈 밝은 내일의 지도자들의 모습이 될 것임을 필자는 확인하고 싶다.

많은 지식과 삶의 방법이 담겨져 있는 책!

때로는 감성적으로 다가오고 때로는 지성적으로 다가오고, 또는 기쁨과 슬픔으로 많은 감동과 얻음을 줄 수 있는 책! 각자의 보탬이 될 수 있는 좋은 책들을 우리 스스로가 찾아 나서야 할 일이다.

책 속에 길이 있네

선명한 코발트빛 하늘, 불꽃같은 단풍이 사람들의 마음을 들뜨게 하는 계절이다.

가을은 인생으로 치면 장년기나, 아니면 노년기에 해당한다고 볼 수 있다. 흔히들 이때를 인생의 황혼기라고 하며, 볼짱 다 본 것으로 말하는 사람도 있지만, 나는 평소에도 이때를 인생에서 제일 중요한 황금기라고 입버릇처럼 말하곤 했다. 젊었다거나 아니면 늙었다고 하는 사실은 절대로 우쭐거릴 문제도 아니고, 그렇다고 움츠릴 문제도 아니다. 그것은 투쟁을 통해 획득한 것도 아니고, 보상으로 받은 것도 아니기 때문이다.

다만 뿌려놓은 씨앗이 없기 때문에, 마땅히 거둘 것이 없다는 사실은 우리를 분명 허전하게 만든다. 여기에서 '씨앗'이나 '거둘 것'은 반드시 물질만을 의식해 이르는 말은 아니다. 그런데도 불구하고 생각이 대부분 이에만 미치는 것은 우리가 너무나 경제문제에만 관심을 집중하고 있기 때문이라고 볼 수 있다. 물론 물질도 삶을 성공적으로 이끌어 가는데 중요한 요소임에는 틀림이 없다. 그러나 그것이 생의 모두일 수는 없다. 정신적 행복 역시 물질의 풍요 이상의 가치를 보유한 것이기 때문이다.

나는 우리 젊은 학도들에게 보다 가치 있는 삶과 아울러 정신적 행복을 구가하기 위해, 꼭 독서를 생활화하라고 권하고 싶다. 이는 영육간의 신선한 건강을 유지케 하는 결정적 역할을 책이 하기 때문이다.

각종 문화, 체육 행사들로 자칫 평상심을 잃고 들뜨기 쉬운 계절, 춤추고 술 마시고 오락을 즐기는 것도 젊은 시절에 해 보아야 할 일들이기는 하지만, 그런 것들보다는 책을 읽으면서 가을밤을 지새는 것이 더 슬기로운 기쁨을 만끽할 수 있는 일일 것 같다. 지성인이 책을 멀리하고, 대신 쾌락에 빠져 시간을 허비한다면 그는 봄에 씨를 뿌리지 않은 농부와 같이 허망한 가을을 맞게 될 것이다. 책속에는 무수한 삶이 있다. 자기에게 주어진 시간들을 열심히 사는 인간의 모습도 그 안에는 있고, 무위도식하며 세월을 허송하는 그런 삶도 그 안에는 있다.

누구나 한 번밖에는 주워져 있지 않은 삶의 기회를, 책은 여러 번 다시 살게 하는 특혜를 독자들에게 제공한다. 책을 읽지 않는 지성인은 백수와 다르지 않다. 그저 할 일이 없어 빈둥거리는 백수에 지나지 않는 존재인 것이다.

대학시절에는 무엇보다도 자투리 시간을 잘 선용해야 하고, 틈나는 대로 책을 가까이 해야 한다. 강의가 없는 공백의 시간을 말 그대로 공백으로만 알고, 제대로 이용하지 않으면 결국 대학시절은 떠돌다 끝나버린다.

시간의 노예가 되어서는 결국 인생은 실패하고 만다. 반드시 시간을 부리는 위치, 즉 시간 위에 군림해야만 한다. 그 군림의 지혜가 책 안에 들어 있다. 물론 책이라고 해서 다 가치 있는 것은 아니다. 이 말은 모든 책에 다 군림의 지혜가 들어있는 것은 아니라는 뜻으로 해석해도 좋다.

학문, 그 IMF적 위기의 현주소

지금 우리나라의 대학들은 그 유례를 찾아볼 수 없을 정도의 심각한 위기에 처해 있다. 마치 칼날 진 바위에 몸을 맡기고 있는 것과 같은 모습들인 것이다. 그러나 더 심각한 문제는 미래를 준비하고, 새로운 비전을 제시해야 할 대학이 나름의 사명을 다하지 못하고 허둥대고만 있다는 사실이다.

대학은 분명 학문의 전당인 만큼, 그를 위한 일에 온 힘을 기울여야 할 텐데, 균형 잃은 편식적 교육행정으로 인해 겉에서 보기엔 비만의 상태이고, 내실은 허약해 건강의 이상을 알리는 적신호가 켜진 지 이미 오래이니, 이를 어떻게 해결해야 할지 걱정이 이만저만이 아니다. 이를테면, 정신과학과 물질과학이 어느 한 면으로 치우쳐 있지 않은, 균형이 정상적으로 유지되는 상태에서만 학문의 발전을 기대할 수 있는데, 우리의 실정은 사실상 그렇지가 못한 것이 현실이다.

실제로 우리나라의 교육, 특히 대학교육은 빵문제 해결 위주의 편향

된 교육을 수십 년간 시행해 왔었다고 볼 수 있다. 이런 관계로, 균형적 사회발전은 고사하고, 오히려 오늘날과 같은 심한 경제적 고통을 겪어야 하는 현실을 초래하게 된 것이 아닌가 한다. 단순 논리나 미시적 안목으로 보면, 경제발전과 풍요로운 물질문화의 발전을 도모하는 데는 정신과학 위주의 학문교육은 별 도움이 없는 것 같이 여겨질 수도 있다.

그러나 경제와 물질문화의 발전을 이룩하는 주체가 결국 사람이고 보면, 그 주체가 되는 올바른 사람을 만들어 가는 데는 절대적으로 인성교육이 필요하고, 이의 발전을 위한 대학의 노력이 요청되는 것은 지극히 당연하고 마땅한 일이라고 볼 수밖에 없다. 그런데도 대학이 이를 명찰하지 못하고, 고식적인 일에만 얽매여 있는 실정이니, 갈수록 더 도탄의 상태가 심해지는 것은 당연한 결과라고 볼 수밖에 없다.

어쩔 수 없는 현실 때문이기는 했지만, 우리는 그 동안 인성교육을 너무나 소홀히 해 왔던 것이 사실이다. 그 결과, 폐해는 우리 사회 도처를 흙탕물로 만들어 거의 치유 자체가 불가능할 정도에 이르렀으니, 한 시라도 빨리 급처방을 하지 않으면 지금의 현실보다 더 심각한 상황에 놓일 것은 너무나 명약관화하다.

이런 우리 사회의 현실을 가장 극명하게 보여주는 예가 바로 언론매체에 게재되는 기사들의 실상을 통해 입증할 수 있다. 연일 소개되는 기사는 하나같이 어둡고 칙칙한 것들로 채워져 있어, 대하기조차 두려울 정도이니, 그 현장의 실상은 얼마나 잔인하고 또 심각한 상황이겠는가, 상상하기조차 끔찍하다.

인면수심(人面獸心)의 살인사건, 가족의 평화를 망가뜨리는 각종 가정 파괴 범죄, 그리고 국가 경제를 송두리째 흔들어 놓고, 끝내는 국가의 기강과 안위마저도 위태롭게 하는 굵직굵직한 경제사범들의 비윤리적인 작태, 방종에 가까운 자유방임적인 교육 행태를 비롯하여 청소년들의 도덕불감증이 빚어내는 비행 등…, 이루 다 나열할 수 없을 정도의 어두운 일들이 우리의 장래를 가로막고 있을 뿐만 아니라, 삶의 의욕을 한순간에 마비시키고 있다.

아울러 톨스토이가 말했듯이, 지구의 생명이 다하는 날까지 가장 깨끗하게 남아 있어야 할 교육자들의 신념과 열정이 제 갈 길을 잃고 방황하고 있는 것 또한 오늘의 우리 교육 및 사회 풍토를 이토록 어지럽힌 주범들이라고 볼 수 있다. 소 잃고 외양간 고치기 식이나 사후약방문 격의 국가행정, 무신경, 무소신, 무방비와 무대책의 태도나 자세가 결국 이 지경의 상황을 만들어 낸 것이다.

이럼에도 불구하고, 우리 대학교육은 경영이나 경제학 또는 이공학 위주의 실용학문에만 목을 매고, 그를 위한 기능인을 양성하는 데만 급급하고 있으니, 실로 통탄할 일이 아닐 수가 없다. 물론 그러한 부문의 발전을 도모하는 일도 중요하고, 그런 부문의 인재를 양성하는 일도 더없이 필요한 일이다.

그러나 언 발에 오줌 누는 식의 교육은 단순한 목적 지향적인 인간을 양산하는 결과로 이어져 종국에 가서 국난을 초래하는 단초가 될 수도 있다는 점을 간과해서는 안 될 것이다. 그렇게 되었을 때, 경제나 경영학의 전문인이 무슨 소용이 있으며, 첨단의 기술이 과연 누구를 위해서 필요가 있겠는가.

올해 S여대에서 있었던 예로, 1학년 학부제에서 2학년 학과제로 편제를 바꿀 때, 학문 중 최고의 고급학문이라고 할 수 있는 철학과에 지원한 학생이 단 1명뿐이었다는 사실을 접하고, 놀란 적이 있다. 이는 인문과학의 위기라는 표현으로는 부족하고, 완전한 실종이라고 해야 그나마 현실에 근사한 표현이 될 수 있을 것 같다. 이는 한 대학이나 학과의 문제가 아니라, 우리 국가나 시대가 머리를 맞대고 해결해야 할 과제 중에 하나라고 보아야 할 것 같다. 성급하게 학부제를 시행한 당국의 근시안적 안목이 만들어 낸 결과 중에 하나라, 더 답답함을 금할 수가 없다.

또한 문제는, 구조조정이라는 미명 아래 연구소 연구원들을 퇴출의 주 타켓으로 했다고 하니, 기가 차 실소를 참을 수가 없는 노릇이다. 우선 먹기는 곶감이 좋다는 말도 있기는 하나, 이는 하루살이 행정이라고 밖에는 볼 수가 없다. 우리 경제의 근본적인 파탄 이유가 무엇인데, 기껏 생각해 낸 것이 이 수준이라고 하니 모두를 거덜내자는 의도인지, 그 저의를 묻고 싶다.

이는 한마디로 말해, 학문에 대한 홀대로 진시황제의 분서갱유(焚書坑儒)와 다를 것이 없는 처사로 보아야 할 것이다. 어찌 연구하지 않고, 연구물이 나올 수 있으며, 좋은 물건을 양산해 경제 회생을 도모할 수 있겠는가. 남의 것을 모방해 유사품이나 만들어 폭리를 얻겠다는 도둑놈 심보와 무엇이 다른지 분이 삭혀지질 않는다. 이 또한 교육당국과 대학교육의 주체들이 제 역할을 다하지 못하고, 정치의 시녀 구실밖에 못하고 있는 실정에서 나온 발상이고, 민족정신이 결여된 근시안적인 판단이라고 밖에 볼 수가 없다.

이상의 사실을 종합해 볼 때, 이 나라 학문의 IMF와 경제 구제금융 상태의 극복은 올바른 지표 설정과 슬기로운 처방책의 마련, 그리고 이를 차질 없이 추진하는 지도력이 삼위일체를 이루었을 때만 그 가능할 수 있을 것 같다. 그리고 무엇보다 중요하고 아쉬운 것은 좀 더 멀리 보고 또 넓게 보는 큰 눈과 마음을 갖는 일이다. 그리고 공명심에 들떠 남의 눈과 입에만 신경을 쓰지 말고, 좀 더 소신을 가지고 일을 추진하는 태도를 견지해야 할 것 같다. 이와 같은 점은 미국이나 영국, 그리고 위기를 겪었던 여러 나라들이 어떻게 환난을 극복했었던가, 하는 점에 대한 관찰과 우리의 독창적인 힘의 응축을 통해 모색되어야 할 것이다.

이 과정에서 결코 간과해서는 안 될 면이 바로 교육의 역할, 즉 올바른 교육정책의 수립과 이의 과감한 추진이다. 잃은 것이 있을 때는 반드시 이에 상응하는 그 무엇을 얻어내려고 하는 반전(反轉)의 지혜와 노력이 꼭 필요하다. 물질을 잃고, 대신 그것보다 몇 배 더 가치 있는 정신을 얻어냈다고 한다면, 결과는 아무 것도 잃은 것이 없다고 할 수도 있다.

국가 경제의 위기는 이미 닥쳤던 일이고, 또 지금은 극복 과정에 있다. 무엇이 잘못의 원인이었는가 하는 점은 분명히 규명해야 하겠지만, 이를 정치적으로 이용해 국론이나 민심의 분열을 조장하는 행위는 의미 없는 짓에 지나지 않는다. 다만 어떻게 국정을 운영해야만 탄탄한 미래를 구축할 수 있는가 하는 점에 대한 논의는 지속적으로 진행되어야 할 필요가 있으리라고 본다.

선진 외국의 예에서 보아 알 수 있듯이, 국가나 사회의 진정한 발전은 단순히 실용 위주의 편향된 교육이나 투자 지원만 가지고서는 이루어지지 않는다. 물론 실용 위주의 교육정책을 수행하면서도 이와 더불어 정신적인 면까지 배려된 경우는 충분히 성공 가능성을 기대할 수 있을 것이다. 이 세상에 존재하는 모든 것은 조화를 통해 그 가치를 고양하고 또 선양할 수 있다. 정신적인 것과 물질적인 것은 마치 동전의 양면과 같은 것이다. 이 상보적인 관계를 적절히 유도하여, 완전한 조화를 연출하는 일이 교육이 지향하고 추구하는 요체라고 볼 수 있다.

이런 면에서 볼 때, 현재의 우리 교육정책은 생각해 볼 여지도 없이 잘못된 것이라고 단정할 수 있다. 우선 개혁을 해야 한다는 대의명분에 너무 치중한 나머지 옥석을 가리는 일을 너무나 소홀히 하고 있다는 점이 우선 실수를 연발하는 원인이라고 볼 수 있다. 새로 시행하는 것이라고 해서 그 모두가 참신한 것이라고 볼 수 없는 것처럼, 과거의 관례를 그대로 따른다고 해서 어리석은 답습이라고 볼 수는 없는 것이다.

전체를 한꺼번에 바꾸어야만 개혁이 성공적으로 결실되는 것이 아니다. 철저히 분석해 취할 것은 취하고, 버릴 것은 과감히 도태시키는 것이 현명한 지도력을 보유하고 있는 사람이 마땅히 행할 태도라고 볼 수 있다. 국민을 실험의 대상으로 삼는 행위는 속죄 받을 수 없는 죄악을 저지르는 일인 동시에, 권력의 남용이며, 직무유기로 무거운 처벌을 받아야 마땅하다. 물질을 통해 행복을 구가하려는 태도는, 영원히 만족할 수 없는 처지와 상황에서 최고의 행복을 구하려는 일과 다르지 않다. 그것은 한 마디로 말해, 무지개를 쫓는 일과 다르지 않은 것이다.

돈황의 노예와 같은 속물적인 삶을 청산하지 않는 한, 우리는 영원히 이 시대의 미아가 되어 거리를 헤맬 수밖에 없다. 이런 처지의 존재로 전락하지 않기 위해서라도 오래 밀려 있던 외상값을 갚는 마음으로 우리의 잘못된 관행을 과감히 청산해야 한다. 그리고 우리 내면세계, 즉 양심에 윤리의 꽃을 피워야 한다. 이는 인성개발의 텃밭이라고 볼 수 있는 형이상학적인 학문, 즉 인문학의 가치를 인정하고 그의 발전을 추진하는 과정을 통해 기대할 수 있는 일이다.

때문에 앞으로, 교육정책을 수립하고 추진하는 당국이나 이의 첨병이라고 볼 수 있는 대학은 인문학의 발전을 위해 지속적인 투자와 정책적 지원을 아끼지 않아야 할 것이다.

이 길만이 우리의 생존 환경을 개선하고, 국가의 균형 발전을 도모하는 유일한 길이기 때문이다.

말재기의 허깨비 뽄새를 보며

“말은 해야 맛이고, 고기는 씹어야 맛이다” 라는 우리 속담이 있다.

마땅히 할 말은 해야 한다는 말이다. 물론 옳은 말이다. 그러나 요즘 같이 말 많은 세상엔 차라리 삼켜야 될 말인 성싶다. 왜냐하면, 현실적으로 되는 말, 옳은 말을 해도 아닌 말로 가차 없이 패대기쳐지기 때문이다. ‘말재기’들이 농단지술의 말재주를 부려가며, 상대방의 영육에 생채기를 내는 일이 비일비재하기 때문이다.

권모와 술수로 무장하고, 부귀나 명예 또는 힘깨나 쓸 수 있는 자리나 탐내고 차지하려는 한낱 ‘말상에 쇠살’ 같은 말재기, 허깨비들이 매우 비등하고 있는 것이 현실이다. 이러한 현실은 대학도 매한가지인 것 같다. 아니, 어찌 보면 다른 세계보다 한 술 더 뜬다고 할 수도 있다. 이름하여, 밝은 내일의 지평을 열어갈 차세대 주자들을 훌륭히 가르치고, 지도하는 일은 교수들의 성스런 책무요, 권리이다. 교직을 천직으로 생각하는 이들이 서로의 인격과 명예를 존중해 가며 학문연찬으로 선의의 승부를 걸어야 빛이 날 일이다.

그러나 오늘에 있어, 진리를 캐내는 교수들의 행태 양상은 위태위태하기 그지없이 보이는 게 사실이다. 겉의 뽄새만 그럴 듯한 말재기들의 능란한 말재주로 상대의 고귀한 인격과 명예를 훼손시키는 치사한 행태를 주위에서 어렵잖게 보게 된다. 나도 어느 되지 못한 말재기의 악의적인 장난질에 필설로 못 다할 만큼의 아픔을 겪고 있다.

이와 같은 협잡꾼 노릇의 행태는 대학의 건강한 발전을 위해서라도 반드시 발본색원(拔本塞源)되어야 한다.

그런데 참으로 이상한 것은, 농단지술에 능한 말재기들이 대학에 중추적인 역할을 담당하고 있다는 사실이다. 윗자리의 편에 속해서 말이다. 실로 실소를 금할 수밖에 없는 현실이다.

모름지기 해맑은 대학생활은 구성원들 사이에 쓸 말도 가급적 삼가며, 인격과 명예를 존중해 가는 가운데 학문 연찬에 매진하는 아름다운 모습, 진지한 모습을 견지하는 데 있다.

"말 많은 집은 장맛도 쓰다", "말이 많으면 쓸 말도 적다"는 말눈치를 알고 말귀를 닦아 요지경의 현실을 올바로 사는 생활 태도가 필요한 때가 아닌가 싶다.

외국어 공용어론과 모국어 교육의 강화

대학의 이상(理想)은 일반 사회로부터 학문의 전당으로서의 권위와 존엄성을 인정받는 것이다. 그러려면 대학은 과거는 물론 최신의 지식과 기술을 연마하는 곳이어야 하며, 또한 우리 사회 구성원들의 정신적 구심체로서의 역할도 함께 수행해야 한다. 그래서 대학의 3대 구성원인 학생 · 교수 · 경영자는 사회의 갖가지 모순을 타파하고 사회의 안정과 발전을 위해 이론적 · 현실적 토대를 제공하는 데에 삼위일체가 되어야 함은 두 말할 나위도 없다.

현대 한국의 대학사회에서 이 · 공 계통의 교육이 강화돼 왔던 것은 낙후됐던 우리 사회의 실질적 발전을 위해 몹시 필요하고 중요한 일이었다. 그러나 현실의 급속한 발전 속에 쌓여 온 심리적 불안과 사회 구성원 간 윤리의식의 결여 등은 크나큰 사회문제로 대두되고 있는 실정이다.

그 동안 사회 구성원들의 내면에 불안 정서를 야기한 원인들 중 한 가지를 들면 언어의 혼란을 이야기할 수 있다. 즉 최신 기술 · 지식의 상당 부분이 외국어에 실려 있기 때문에 외국어 교육이 강화되었고, 그 과정에서 상대적으로 우리말에 대한 중요도는 그만큼 추락해서 한국어 외에 영어를 공용어로 삼자고 할 정도록 모국어가 무시되고 있다.

이는 곧 문화적 혼란으로 이어져 한국인들의 단결력을 와해시킴은 물론 애국심마저 약화시키고 있으며, 이것은 더 나아가 개개인의 자신감 상실로도 나타나고 있다. 이제 우리의 대학은 이런 사회 전반의 문화적 혼란을 바로잡는 데에 선도적 역할을 하는 곳이 되어야 한다.

대학에서 모국어 교육이 강화되어야 하는 이유를 크게 세 가지만 들어보면 다음과 같다.

첫째는 한국인으로서의 주체성 함양이다. 대학은 우리 사회 지식인들의 보고요, 정신적 구심체이기 때문에 대학에서부터 한국어 교육을 강화한다면 일반 사회에서도 널리 한국인이라는 동질감과 자부심, 주인의식이 드높아질 것이다.

둘째는 원활한 언어생활이다. 모국어를 잘하면 잘할수록 외국어도 잘할 수 있다는, 언어습득의 보편적인 원리에 유념해야 한다. 외국어를 배우는 대부분의 목적은 그 형식에 있는 것이 아니라 지식과 정보의 획득 · 전달에 있다. 그렇기 때문에 논리적인 사고의 형성은 어렸을 때부터 필요하며 그것은 거의 모국어를 통해 이뤄진다. 대학에서는 외국어의 원활한 사용을 위해서라도 먼저 우리말과 글에 대한 정확하고 다양한 표현법을 익히게 해야 한다.

셋째는 국내외 한국인들의 조국에 대한 기여이다. 세계 모든 한국인들의 구심적 역할을 할 수 있는 것은 무엇보다도 한국어이기 때문에, 세계 각국에서 활약하고 있는 한국인들과 그 2·3세들이 조국을 잊지 않고 조국의 번영에 기여할 수 있게 하는 길은 조국에서부터 모국어 교육을 강화시켜 내외로 그 중요성을 새삼 일깨우는 것이다.

물질적 발전에 여념 없이 앞만 보고 달려 온 우리의 대학. 그러나 이 한국의 대학들이 일반 사회로부터 학문하는 권위와 존엄성을 인정받는 전당이 되려면 무엇보다도 우리 사회 구성원들에게 정신적 구심체로서의 역할을 수행해야 하며, 그 수행 과정의 요체는 해당 분야별 모국어의 발전과 계승에 있다. 영어를 공용어로 삼자 하여 국론이 분열되고 있는 현 시점에서, 이렇듯 대학이 모국어 교육을 강화해야 한다는 것은 단순한 언어교육 이상의 가치와 효과가 있음을 우리 모두 깨달아야 할 것이다.

인생과 조리공부

오늘날의 우리는 과거와는 달리 비교적 물질의 풍요함 속에 살고 있다. 그럼에도 불구하고 만족한 삶을 사는 사람은 많지 않은 것 같다.

왜 그렇게들 불만과 불평이 많은지……. 이는 삶의 욕망과 욕심이 지나쳐 바라는 것이 많기 때문이다. 우리네 삶에서 가진 게 많으면 이를 잃지 않고 지키기 위하여 필요 이상의 안간힘을 기울여야 한다.

오늘 우리 사회 도처에서는 자신들의 뱃속을 채우기 위하여 왕핏대를 세우며 목불인견(目不忍見)의 이전투구하는 짓들이 난무하고 있다. 매일매일 영일(寧日)이 없다. 참으로 한심하다는 생각을 떨굴 수가 없다. 이런 현실은 각자의 삶에 평상심을 유지해주는 '조리(條理 · 調理)'를 잘 하지 못하기 때문이다.

이를테면, 일년 내내 복을 가져다주는 복조리로 조리질을 해야 잡것을 잘 골라낼 수 있게 된다. 산후 조리를 잘해야 산모의 건강이 유지된다. 조리질을 잘해야 가정 살림이나 나라 살림이 윤택해진다. 사람은 누구나 몸조리를 잘해야 영육이 건강해진다. 음식도 조리를 잘해야 제 맛이 난다. 조리 돌리는 망신을 당하지 않으려면 처신을 잘해야 한다. 과한 신경과 음주를 삼가야 부조리가 되는 것을 예방할 수 있다.

처신 조리를 잘 해야 존경의 대상이 된다. 조리가 맞는 언행일 때 신뢰를 살 수 있다. 부조리를 철저하게 혁파하지 않고는 정의가 살아 숨쉬는 나라가 될 수 없다. 소용없는 일에 공연히 마음을 쓸 수고함은 조리에 옻칠하는 격이 된다. 망막의 조리개가 제 기능을 잘못하면 사물을 올바르게 판별할 수 없다.

인생은 '조리'의 잘잘못에 따라 성패가 좌우될 수 있다. 조리가 서고, 조리를 잘하고, 조리에 맞아야 사람다운 삶, 올바른 삶을 살 수 있다. 몇 개월 전에 수인사한 어느 도인(道人)은 이 '조리(調理)'를 지키고 전파하는 조리원(調理院)을 세우고, 자신의 바로 선 조리(調理)를 지키는 의지의 한 방편으로 복조리(福笊籬) 50,000개를 만들고 있었다. 세상 돌아가는 일에 깜깜이라는(사실은 좌견천리(座見千里)할 줄 아는 이였다고 보여지는 사람이었지만) 그 도인 —모두가 제 잘났다고 떠벌리는 오늘에 있어 난 그저 한없이 겸손하기만 한 도인—이 존경스러웠다.

연일 자고 나면 시끄럽기 그지없는 어지러운 세상, 이제라도 모두가 찬물 마셔 제 정신 찾는 격으로 정심으로 돌아가 단 하루라도 바른 삶을 살 수 있는 '조리(條理 · 調理)' 공부에 매진함이 어떨까 싶다.

입이 서울이라지만

"입만 가지면 서울 이 서방 집도 찾아간다."는 속담이 있다. 이는 말만 잘 하면 아무리 힘든 일이라도 쉽게 할 수 있다는 뜻의 말이다.

또 "입에 꿀을 바른 말, 입에 발린 소리다."라는 말이 있다. 이와 같은 말은 겉발림으로 하는 말, 겉으로만 친절하고 다정한 말일 뿐이지, 진실성이 없는 말이란 것을 일러 하는 말이다. 또 "입은 비뚤어져도 말은 바로 하라."는 말도 있다. 비록 불리한 조건에 놓여 있다고 하더라도, 말만은 정직하게 하여야 한다는 뜻으로 이해해야 할 것 같다. 뿐만 아니라, 말을 너무 입바르게 하고 날카롭게 하는 것을 이르는 "입이 도끼날 같다."는 말도 있다. 그런가 하면, 말을 함부로 상스럽게 함을 뜻하는 "입이 걸기가 사복(司僕) 개천 같다." 라는 말도 있다.

행동은 그렇지 못하면서 말만 그럴 듯하게 잘 하고 번지르르 하게 함을 비웃는 말로 '입이 보배', '입만 살다', '입만 까다' 라는 경구도 있다.

이렇듯 입에 관한 경구가 많다는 것은 말이 얼마나 중요한 것인가를 단적으로 제시하는 예로 보아야 할 것 같다.

"입이 서울이다"와 같이 먹는 것에 대한 경구도 많다. 사람의 입이 다만 음식물을 섭취하는 기능이나 숨 쉬는 기능만을 행하는 것에 그친다면, 짐승의 입과 다를 것이 없을 것이다.

가슴으로 느끼고, 머리에 갈무리된 바를 입 안의 조음기관을 통하여 제대로 전달해야만 말다운 말이 될 수 있는 것이다. 따라서 쓸데없이 늘어놓는 말은 애초부터 말이 아니고, 소리에 지나지 않는 것이다.

입은 여러 신체기관 가운데 으뜸 기관이다.

입은 무엇보다도 말을 생산해 내는 기관이기 때문이다. 그러므로 입은 부모와 같고, 말은 자식과 같은 것이다. 그만큼 뗄래야 뗄 수 없는 관계라는 말이다.

입은 형상이 있으나, 말은 형상이 없다. 하지만 형상이 없는 말이 사람을 죽이기도 하고, 살리기도 한다. 흉기가 될 수도, 명약이 될 수도 있다는 말인 것이다. 그러기에 보이는 입보다 입에서 나오는 보이지 않는 말이 더 무서운 법이다.

성서(로마서(3:13-18)에도 말과 관련된, 입에 관한 경계의 가르침이 있다. "그들의 목구멍은 열린 무덤이며, 그들의 혀는 거짓을 말하고, 입술에는 독사의 독이 흐르니, 그들의 입은 저주와 독설로 가득하다. 그들의 말은 피 흘리는 일에 날쌔며, 간 데마다 파괴와 비참을 남긴다. 그들은 평화의 길을 알지 못하고, 그들의 눈에는 하느님을 두려워하는 기색이 없다."라는 말이 그것이다.

사람은 입을 소중히 해야 한다. 입을 소중히 여기고 사용하면 그대로 '입'으로 대접받지만, 소홀히 여기고 사용하면 '주둥(아리)이', '아가리'

따위와 같이 멸시를 받는다. 이럴지니 입을 어찌 소중히 하지 않을 수 있을 것인가.

글말이 아닌, 입말을 사용할 때는 글말보다 더 각별히 신경을 써야 한다.

글말은 잘못 쓰면 고쳐 쓸 수 있는 기회와 여유가 있으나, 입말은 그럴 수가 없다. 왜냐하면 마치 쏘아 놓은 화살과 같고, 엎질러진 물과 같기 때문이다. 그러기에 예로부터, 말을 하려면 세 번 생각해 본 후 하라고 했던 것이다.

이 말은 말을 해서 자신은 물론, 상대편에게 어떤 결과가 나타날 것인가를 깊이 성찰해 봐야 하기 때문이다. 가급적이면 자신을 속되게 하고, 상대편을 상하게 하는 말은 삼감이 온당하다. 설령 야속하고 억울하고 상대에게 대갚음을 하지 않고는 밤마다 잠 못 이루고, 심지어는 살지도 못할 것 같은 절망감이나 배신감 따위로 속상할 일일지라도 말이다.

특히나 이같이 속상한 상태에서 내뱉은 말은, 이성적 판단에서 사려깊게 내놓은 말이 아닌 관계로 결코 자신을 이롭게 만드는 말이 되지 못한다. 생각 없고 속절없이 내뱉은 말의 결과로 자신을 더욱 어렵게 만드는 결과가 올 수 있기 때문이다.

이러한 결과는 오히려 상대에 대한 악감정의 앙금만 진하게 남기게 될 것이고, 상대는 더욱 말한 사람을 곤경에 빠뜨리게 하기 위한 사악한 생각과 행동을 갖게 하는 빌미만 제공해 주는 폐해만 낳게 될 것이 뻔하기 때문이다.

이런 까닭으로 이비은 자물쇠로 채워 놓은 것처럼 무거운 게 좋은 것이다. 될 수 있으면 입을 '한 일(一)'자로 긋고 있음이 좋다. 물론 "말은 해야 맛이고, 고기는 씹어야 맛이다." 라는 말도 있고, "말 안 하면 귀신도 모른다." 라는 속담도 있다. 마땅히 해야 할 말은 해야 함을 이르는 말이다. 또 "말 잘하고 징역 가랴.", "말 한 마디에 천금이 오르내린다."는 경구 같은 범주의 의미를 담고 있는 말로 보아야 할 것이다.

할 말은 해야 하고, 말을 잘함으로 덕을 얻을 수 있음도 사실이다. 때문에 말 사용을 예찬하는 경구도 많이 있다. 그러나 말해서 얻는 득보다는 실이 큼이 더 많은 것이 오늘의 사람살이 모습이다. '말이 말을 물고 늘어지고', '말 아닌 말이 너무나 많고', '말 옮기기를 즐기는 무리'가 너무나 많은 세상이기 때문이다. "혀 아래 도끼 들었다."는 말이 실감나는 세상이다. 그러고 보면, '말을 이 죽이'듯 하지 말고, 수 없이 삼키며 살아가는 현명한 슬기가 필요한 세상에 우리는 살고 있다.

아무튼 혀조심, 말조심, 입조심은 동서고금의 한결같은 교훈이다. 이는 삼가고 또 삼가도 지나침이 없는 것이 바로 말이기 때문이다.

가시리 女人

나는 여성 예찬론자이다. 그러므로 여성을 좋아한다. 특히 한국 여성을 좋아한다. 내가 여성을 좋아한다는 것은 내 자신이 남성이기에 이성인 여성을 좋아한다는 것은 결코 아니다. 정말 우리의 여성들이, 한국의 여성들이 아름답고 위대하기 때문이다. 아름답다는 것도 얼굴이 아름답다기보다는 심성이 아름답다는 것이다.

매사 감싸주는 아량이 치마폭만큼이나 넓디넓은 우리의 여인, 이 가시리 여인이 한국의 여성상을 대표하기에 이 나라가 그래도 안팎이 튼튼한 건강한 한국으로 존재하고 있는 것이 아닐까 한다.

왜냐하면 문학은 인생을 표현한다. 그러므로 가시리에 등장한 여인은 곧 고려 여인이오, 한국의 여인으로 참여성을 대표하는 여성이다. 중진국 상위권에서 선진입국을 향하여 힘찬 행보를 멈추지 않는 자랑스런 저력의 바탕에는 모든 면에서 남성 못지않게 열심히 노력한 한국 여성들의 은근한 끈기의 애씀이 컸던 것이 사실이다.

아이를 잉태한 산모가 정신적으로 건전하고, 몸이 건강해야 건강하고 튼튼한 아이를 낳아 기를 수 있듯이 사회가 건전하고 나라가 튼튼하려면 그 모태가 되는 여성이 건강해야 되는 것이다. 이러한 면에서 볼 때 이 나라가 그래도 오늘날과 같이 세계에 어깨를 펴고 대한국인의 긍지와 얼을 만방에 떨쳐가며 성장해 갈 수 있는 것은 훌륭한 여성들이 많이 활동하고 있기 때문인 것이다.

스포츠나 예술활동 같은 한부분만 미루어 살펴보더라도 세계에 한국을 빛내주는 주인공은 대개가 여성들임을 알 수 있다. 특히 이 땅의 여성은, 저 문학 속의 여성 가운데 가시리에 등장하는 여인으로서, 약한 듯하나 강하고, 허한 듯하지만 실하고 실속 없는 듯 보이나 속이 탄탄히 찬 실속 있는 여인, 적당히 설움을 받아들이는 듯 슬기롭게 물러설 줄 알며, 그러나 끝내는 버린 남성을 어김없이 돌아오게 하는 자신의 치마폭에 부끄러운 남성의 옹졸한 면모를 애정과 이해로 감싸가면서 살아가는 슬기로운 여성인 것이다.

다음은 순전히 표층구조로 본 분석이지만, 만일 오늘의 한국여성상이 '십리도 못 가서 발병이 나기를 바라는 아리랑 속에 등장하는 여성' 같으면 이 나라 국민은 다소 지독한 심성의 소유자가 많은 것이고, '진달래꽃에 나타난 여성' 같으면 너무도 나약하여 소용돌이치며 급변하는 세계에 뒤지어 쓰러지고 마는 참으로 연약한 심성의 국민이 많을 것이다.

다행히 이해와 양보, 물러섬과 소유, 피눈물의 슬픔마저도 감내해내는 끈기 있고 알찬 가시리 속의 여성 같은 슬기로운 여성, 참여성들이 오늘도 이 땅에서 건강하게 활동함으로서 이 나라가 세계 속에 더욱 빛나는 대한민국으로써 영예를 누려나갈 수 있는 것이 아닌가 한다. 그러므로 관계 당국은 이 같은 참여성들이 앞으로도 대한국인의 으뜸 긍지와 자부심을 선양해나갈 수 있는 뜻 있고 보람이 있는 활동의 장을 확대해 나가는데 최대한의 지원과 협조를 아끼지 말아야 할 것이라고 생각한다.

말에서 천국과 지옥이

흔히들 알기로는 정신(얼) 건강의 유무에 따라서 고급언어, 비속언어의 쓰임이 나타난다고 믿고 있다. 그러나 이러한 일반적 믿음이 잘못된 것임은 굳이 언어학을 들먹거리지 않더라고 이미 잘 알려진 사실이다. 정신에 의해서 말이 결정되는 게 아니라, 말이 정신을 결정한다는 지극한 진리를 말이다. 어떤 개인이나 집단, 나아가서 한 나라의 언어 쓰임의 아름다움과 추함에 따라서 그 얼의 고상함 정도와 더러움의 정도를 판단할 수 있는 바다.

오늘날 우리 겨레붙이가 일상적으로 쓰고 있는 언어를 보면 다분히 건강하지 않은 게 일반이다. 대체로 공격적이고, 퇴폐적이며 선정적이고, 날카로움의 쇳소리 나고 억지 유행을 유발하는 자위적인 언어가 이 사회에 넘쳐나고 있다. 그만큼 우리의 이 사회가 결코 아름답지 아니한 비속한 사회, 척박한 사회로 흐르고 있다는 현실의 입증을 의미하는 것이라고 본다.

어느 때부터인가 우리의 언어 사회는 부드러운 언어 사용을 스스로 잃어가고 있는 자화상이 표출되고 있다. 너 나 없이 다듬어지지 않은 언어를 스스럼없이 쓰는 어지러운 사회의 늪에서 헤어나려는 노력도 하지 않는 풍토다. 언어 쓰임의 환경이 메마르다 보니, 미소를 띤 얼굴보다는 찡그린 얼굴, 부드러운 행실의 견지보다는 일마다 시비를 걸어야 직성이 풀릴 것 같은 못마땅한 행태의 연출이 빈번해지는 사회가 되어가고 있다. 참으로 살 맛 나지 않는 현실이 아닌가?

아름다운 심성의 유지는 어디까지나 아름다운 언어 사용에 있다. 향을 싼 종이에는 향내가 나고, 생선을 싼 종이에는 비린내가 나듯, 부드러운 말을 쓰는 사람은 고매한 인격이 빛을 발하고, 상스런 말을 쓰는 사람은 자신을 스스로 욕되게 하는 인격의 파탄자가 될 수 있는 것이다.

입으로 내는 말은 그 자체의 형체가 없으나 그 위력은 어느 것보다 대단함을 우리는 잘 알고 있다. 말로써 목숨을 지킬 수도, 잃을 수도 있음을 우리는 지나온 인류사에서 익히 보아 왔다. 말로써 천냥 빚을 갚는다는 말이나, 혀 속에 도끼자루가 들어있다는 말이나 이는 한결같이 말의 위력과 그에 따르는 책임 또한 대단한 것임을 그대로 웅변하는 것이라 하겠다.

선한 말을 자신과 상대에게 기쁨을, 악한 말은 슬픔을 가져다 준다. 말로써 화(禍)와 복(福), 천국과 지옥이 지어진다 할 것이다. 이렇듯 말은 어떤 형태로든 분명한 결과를 낳는다. 말이 참으로 대단한 무형의 존재이면서 그 존재의 위력과 책임 또한 대단함을 너무나 잘 아는 우리, 특히 그리스도의 말씀으로 일생을 살아가는 그리스도인에게는 말 한 마디마디에 신중을 기해 써야 할 의무와 책임이 있다. 올바른 언행이 원죄를 안고 사는 우리에게 구원의 행복을 가져다주는 바로미터가 된다 할 것이다.

결코 형제자매의 가슴에 상처를 주는, 형제의 눈 속에 있는 잡티를 뺀다는 구실로 영육에 아픔을 주는 언행은 누구에게도 아무런 도움이 되지 않는다. 그럼에도 우리는 곧잘 형제의 눈 속에 있는 티만 잘 보고 탓하기 일쑤인 게 사실이다. 좋은 나무에 좋은 열매가 맺듯이 우리 선한 심성으로 주님 말씀 따라 가급적 선한 언행으로 늘 선한 삶을 사는 참 그리스도인이 되었으면 싶다.

치마문화의 아름다움

한국 여인의 참스런 아름다움은 한복을 멋들어지게 차려 입는 데서도 잘 나타난다. 특히 치마는 그 멋을 더해준다. 우리 여인들에게 있어서 치마는 어느 의상과도 비길 데 없는 다용도로 쓰이는 훌륭한 의상의 하나다.

우리나라 서정시 작품의 으뜸인 김소월님의 순애보적 사랑의 아픔이 진하게 묻어나는 대표적인 시 '진달래꽃'에 나타난 여인은 자기 곁을 떠나는 님을 위하여 영변의 약산 진달래꽃을 넓은 치마폭에 아름 따다 가는 길에 뿌려 놓았었고, 우리나라 이별 노래의 최고의 경지에 있는 '가시리'의 노래 속에 애이불비 먹장구름 같은 이별의 크나큰 아픔을 용케도 견디며, 끝내는 사랑하는 여인의 치마폭을 떠났던 옹졸한 남정네의 부끄러움을 폭넓은 치맛자락으로 감싸 안으며 남정네의 지난날 무정했던 모든 면면들을 애오라지 아량과 관용으로 삼키면서 다독거리지 않았던가.

이는 오늘날에도 젊어 한때는 조강지처를 떠나 남의 여인과 통정하며 지내다가도 마침내는 다시금 조강지처 곁으로 되돌아오는 예들을 보더라도 문학 속의 '가시리 여인'이 한국 여인을 대표하고 얼마나 마음이 풍요로운 여인인가를 잘 알 수 있는 바다.

뿐이겠는가. 행주산성 싸움터에서는 우리의 많은 아낙네들이 치마폭에 돌을 그득 담아 병사들에게 날라다 주어서 병사들로 하여금 활과 총알을 대신하는 병기 대신 쓰게 하여 큰 공을 세우는데도 한몫을 톡톡히 하였음을 주지하는 바다.

남원 광한루 그네 타는 춘향과 향단이의 치맛자락은 나비되어 나풀나풀 나는 듯, 치맛자락 속으로 보이는 듯 마는 듯 종아리의 속살의 어른거림은 이도령과 방자의 도화춘홍무 연정을 고조시키기에 남음이 있었음직하고, 심청이 공양미 삼백 석에 몸팔려 인당수 푸른 물에 제물로 바쳐질 때도 우리의 치마는 심청이의 눈물어린 얼굴을 감싸주는 데도 쓰였음직 하지 않은가.

이렇듯 역사문화의 맥을 같이해 온 우리 한국 여인네 의상문화의 꽃이랄 수 있는 치마는 다양한 여인풍속도를 펼쳐 수놓는데 유감없이 유용했던 훌륭한 의상이 아니었던가.

형형색색의 바지문화가 주류를 이루어 있는 요즈음에 있어 참으로 바라는 바는 다가오는 2천년대 세계의 진정한 주역이고, 세계인을 폭넓게 수용하여 다같이 복록을 누리며 살아가는 세계 제일의 선두주자이기 위해서도 치마폭만큼이나 넓은 심성을 지닌 참다운 한국 여인 그 자신들과 후손들을 위하여서도 폭 좁은 바지문화를 청산하고 전통 한국 여인상을 상징하는 치마문화가 다시 이 땅 이 아름다운 강산에 흐드러지게 펼쳐지기를 소망한다.

까닭은 우리의 치마는 모든 아름다움을 담을 수 있고, 모든 소망스럽지 못한 면들을 덮어주고 감싸줄 수 있는 유일한 의상이기 때문이다.

K형과 나누고 싶은 또 하나의 대화

늘 다정다감한 K형, 2000년 대희년에 접어들어 새 학기가 시작된 것이 바로 엊그제건만 벌써 한 학기가 끝났습니다. 늘 느끼며 삽니다만 속절없는 세월은 참으로 빨리 흐른다는 생각이 듭니다.

한 학기가 끝난 맹하(孟夏)의 요즘, 연일 40도에 육박하는 무더위가 숨이 턱턱 막힐 정도로 기승을 부립니다 그려. K형, 그런데 말입니다, 가마솥 열기 같은 뜨거운 무더위 때문이겠습니다만 요즘 여성들에게서 흔히 발견되는 아찔할 정도의 과다 노출의 의상 형태는 그 도가 지나치다는 생각이 듭니다. 신체 노출이 과다한 의상 형태를 보이는 여성은 그만큼 성폭력의 위해를 입을 가능성이 높은데도 말입니다.

어쨌든 이 시대에 유행처럼 확산되어가고 있는 어른, 애 가릴 것 없는 과다한 신체 노출 현상은 그 도가 이미 사회 문제로 비화될 정도의 위험 수위에 놓여 있는 것이 사실입니다. 우리 선조의 아름다운 예도(禮度) 문화가 그 빛을 잃어가고 있는 이 시대는 무릇 그 어느 때보다도 건전한 사회 풍토가 유지돼야 하는 시대 아닙니까? 이 같은 시대에 분별없는 여성들의 지나친 신체노출의 의상 형태는 자칫 퇴폐풍조가 조장될 수 있는, 그리하여 마땅히 자제되어야 하는 목불인견의 현상이 아닐 수 없습니다.

의기로운 K형, 오늘에 있어 너나없이 과다한 신체 노출증이 유행되고 있는 퇴폐적 풍토현상은 실로 심각한 지경인 것 같습니다. 이 같은 퇴폐적 풍조의 기현상이 만연되고 있는 까닭은 TV매체와 같은 동영상에 비춰지는 일부 인기 연예인들의 선정적 과다노출의 퇴폐적 행태와 성적 말초신경을 자극하는 퇴폐성 향락의 성문화 범람 같은 시류에서 비롯되었다는 생각입니다.

의혈의 K형, 성적 충동을 자극하는 이러한 신체 과다 노출증 현상은 요즘 사회 문제로 일고 있는 성희롱, 성추행, 성폭행 등 성폭력을 필연적으로 유발할 수 있는 불씨를 스스로 제공해 주는 것이나 마찬가지일 것입니다.

그런데 문제는 말입니다. 이런 현상이 대학가에서도 흔히 볼 수 있다는 사실에 있습니다. K형, 대학이 어디 연예인이나 그들을 닮지 못해 안달이나 내는 치들이 활동하는 무대입니까? 그런데도 우리의 대학들은 어줍잖은 연예인 흉내나 내는 것으로 황금시간을 축내는 얼치기 남매들이 하나 둘 늘고 있습니다. 대학에 존재하는 지성으로서의 당당한 품위를 자존으로 지켜 나가야 하는 데도 말입니다.

K형! K형이나 이 사람이나 한날 연예인들 옷 벗기는 것으로 시청률이나 올려보려고 안달복달하는 일부 무책임한 공중파 매체나, 퇴폐적 향락의 성문화 사회 풍조를 탓하고나 있는 무대 밖의 관객으로나 머무

르고 있는 결코 무기력한 방관자적 존재는 아니라는 생각입니다. 다소 교만한 생각 같기는 합니다만 말입니다. 여하간 이 사람이나 K형 같은 이들이 언제까지나 관객의 처지로 머무르는 한, 우린 역시 방조자의 반열에서 결코 자유로울 수가 없을 것입니다.

언제나 지성적 양심으로 사는 K형! 신체 과다 노출증세나 퇴폐적 향락 문화가 범람하는 이 시대의 풍조 한가운데 우리가 있습니다. 우리 교육자들이 자리 보전도 되잖을 높은 자리, 냄새나는 명예차지에 연연하잖고 진정 고매한 교육자적 사명만 성실히 수행해 나가기만 하면 추잡한 퇴폐문화는 아수라장을 잃게 될 것입니다.

이러하면 싱그럽고 향긋한 꽃향내음 속에 영육이 건강한 사람들로 넘쳐나는 살 맛 나는 못자리 풍조는 자연스레 이루어집니다. 인정 때문에 가끔은 손해도 보는 K형에게 진솔히 부탁해 봅니다. 오늘의 이 불유쾌한 풍조를 바로 잡기는 마치 계란으로 바위 치기와 같은 다소 무모한 작업임에 틀림없습니다.

그러나 분명 무모한 작업을 위해 앞으로는 바쁜 와중에서라도 틈틈이 짬을 내어 동양으뜸의 도덕서 가운데 하나로 꼽히는 '명심보감' 하나만이라도 성심을 다해 가르쳐 보는 것 말입니다. 그리하여 우리 대학들의 지성인들이 적어도 옷 입는 것 하나만이라도 신체 과다 노출 같은 비지성적 행태를 보이지 않는 긍지와 자존 있는 지성일 수 있도록 말입니다.

뒤로 걷는 사회

차단기가 내려진 철로 건널목을 무단으로 건너던 어느 할머니의 목숨을 구하려다 자신의 목숨까지 바친 한 철도 공무원, 수영 미숙으로 목숨을 빼앗길 뻔한 네 명의 목숨을 구하고 자신의 목숨을 바친 한 군인의 고귀한 희생 등은 살신성인의 실천적 한 표본이다.

또 한 평생 열심히 일해서 값지게 벌어들인 피땀이 배어 있는 수많은 재산을 교육기관이나 새마을 지도자 육성 등에 아낌없이 희사한 김밥 할머니, 냉면 할머니 등 눈물겨운 미담은 가뭄에 꽃비 내리듯 척박한 세상에 훈훈한 마음이 감도는, 유정한 사회로 가는, 발전하는 사회가 되는 촉진제 구실의 좋은 본보기가 된 것이다.

그러나 오늘의 세상 돌아가는 일면을 보고 있노라면 마치 뒤로 가는 사회, 비정상적인 사회로 변해가는 실소를 지울 수 없게 한다.

이를테면 홍수로 인해 인명과 재산을 수마에 앗길까봐 밤잠을 설쳐가며 마음을 졸이는 홍수상습 피해 지역주민이 있는데, 소위 국민의 대변자라는 의원네들이 주민의 땅 꺼지는 아픔은 아랑곳하지 않는 양 외교운운하며 해외나들이에 신경을 쓰는 실종된 정치의식, 사이비 종교 교주와 그 측근들의 뻔뻔스럽고 철면피한 사기행각, 지성이면서도 스스로 지성이기를, 민주를 외치면서도 스스로 민주 되기를 포기하는 것 같다.

또 존경으로 대해야 하는 스승을 부끄럽게 만들고 교권을 떨어뜨리는 일부 반지성적 몰지각한 자들의 파행적 작태, 밝고 정의로운 사회를 만들어 가야하는 법조인이나 교수 같은 최고의 양식인들 가운데 일부가 황금의 노예로서 오히려 자신과 사회를 타락시키고 있는 부끄러운 행태 등등이다.

그러므로 이제부터는 우리의 맑은 양심을 되살려 부도덕하고 비윤리적인 뒤로 가는 사회 같은 추악하고 어두운 모습들을 척결하며 오로지 밝고 아름다운, 그리하여 앞으로 가면서 발전하는 참 모습의 사회가 되어지도록 힘껏 노력하는 진지한 삶의 태도를 견지해야 한다. 이것이 이 시대를 사는 우리에게 주어진 진정한 소명이요, 과제이기도 한 것이기 때문이다.

회색 빛깔과 흑백논리

타고 남은 재는 회색빛이다. 푸른 하늘을 가리는 구름도 회색빛이다. 청청한 이파랑이를 떨구는 나무도 낙엽까지도 대개는 회색빛이다. 또한 죽음에 이르는 문턱도 빛깔로 보자면 분명 회색빛일 게다.

회색빛은 검정색과 흰색이 혼합되어 나타나는 빛이다. 이 빛의 원색은 빛깔이 분명한 것이지만 이 빛깔은 모호성을 띠는 그런 빛깔이다. 어떻게 보면 보편성을 띤 무난한 빛깔이다. 마찬가지로 이 사회 구성원들 가운데도 색깔이 분명치 않은 회색빛 분자들이 꽤 많음을 본다. 민주화 시대라지만 자신의 생각과 소신대로 정의롭고 양심어린 말과 행태를 거침없이 하였다가는 피해입기가 십상인 사회가 되었다.

오히려 자신의 속성을 철저히 묻어두고 상황에 따라 적절하게 야누스 같은 양면성을 가지고 카멜레온 같이 능란한 변신술을 잘 쓸 줄 아는 처신이 득이 되는 사회이다. 이러한 현상은 밝은 사회를 이끌어가는 목탁의 구실을 다해야하는 비교적 양식 있는 지성사회에 더욱 두드러지게 나타나고 있다. 가장 지성인인 척하면서도 막상 자신과 상관없는 일이면 목불일견의 행태가 주위에서 버젓이 벌어진다 해도 눈길 하나 주지 않는다.

무신경에다 지독한 이기주의를 더한 보신주의 행태로 일관하는 실태가 이를 잘 보여주는 예다. 이 같은 지나친 이기적인 보호본능의 회색빛 모습의 또다른 형태의 현상으로 책임회피 심리의 대명사로 불릴 수 있는 '~같아요'라는 애매한 표현이 거부감 없이 받아들여지고 있는 사실을 지적할 수 있다.

어떤 상황이나 현상을 표현할 때 뒷부분에 '~같아요'라고 하는 것은 자신에게 불리하게 작용될 수도 있는 화근을 이러한 표현으로 안개막을 쳐서 책임을 모면할 수 있는 것이기 때문이다. 확실이 '~같아요' 표현이 어떤 거부감도 없이 쓰이는 오늘의 이 사회는 불확실성이 팽배해 있는 병적인 사회인 것이 분명할 것이다.

그러므로 우리의 사회가 올바른 생각과 소신을 말하고 양심에 거리낌없는 정의로운 행동을 자유롭게 실행할 수 있는 분명한 사회, 뚜렷한 사회가 되기 위해서는 애매모호한 표현이 발을 붙일 수 없어야 한다. 회색빛 분자들이 대명천지에 활동할 수 없는 정당한 흑백논리가 설득력을 가지는 참의식의 혁신이 이루어지는 풍토와 분위기가 조성되어야 한다.

그래야만 요즘 사회운동으로 벌어지고 있는 '새질서 · 새생활실천'도 명실상부한 소기의 성과를 거둘 수 있다고 본다.

이제는 문화시대

이제는 너무도 진부한 표현일 수도 있을 '계절의 여왕'이란 5월! 한마디로 만화방창(萬化方暢)이고 신록의 계절이다. 이 5월이 베푸는 대자연의 아름다움은 가히 절경이다.

대자연이 베푸는 이런 장관 앞에는 본시 정서가 메마른 나 같은 사람뿐만 아니라 누구든 나름대로의 흥취나 시심이 일지 않을 수 없을 터이다. 그야말로 인간적인 계절이라고나 할까! 이런 자연과 친화될 때 자연스럽게 문학이 둥지를 틀게 되는 것이 아닐까 한다.

넓은 벌 동쪽 끝으로 옛이야기 지줄대는 실개천이 회돌아 나가고
얼룩배기 황소가 해설피 금빛 게으른 울음을 우는 곳
그곳이 참하 꿈엔들 잊힐리야

— 정지용의 '향수' 중에서

우리들의 영원한 보배이며 연인인 정지용 · 심훈 선생을 모르는 이

없을 것이다. 암울했던 시대에 조국의 해방을, 민족의 봄을 기다리며 아름다이 영혼을 일깨우던 분들이 아니시던가.

나 혼자 느끼고 기리기에는 너무 크신 분들이기에 '문학기행'이라는 이름을 내세워 동행인을 만들었다. 알맞게 불어주는 향그런 바람과 반짝이는 햇살은 우리 훌륭한 문인들의 발자취와 흔적을 찾아가는 문학기행 단원들의 기대를 더욱 부풀리게 하였다. 그러나 문인들의 유적지는 어떠한가? 화려한 문학 행사 뒤에 가려진 그 분들의 생가나 기념관의 쓸쓸함은 이정표 하나 없는 첫 행로에서 여지없이 드러나고 만다.

너무도 초라히 방치된 생가 앞에서는 차라리 할 말을 잃게 된다. 또 괜찮은 기념관이 세워졌어도 관리인 한 명, 안내원 한 사람 없이 굳게 잠겨 있을 뿐인 현실이다.

주옥 같은 우리 언어로 이 땅의 정서를 노래하고, 조국의 독립을 몸부림치며 노래한 분들에 대한 예우를 우리는 어떻게 하고 있는지 묻고 싶어진다. 공익요원 한 명이라도 배치하면 아니 될 일이던가. 방명록과 작은 기념품 파는 곳이라도 운영하고, 따스한 차 한 잔에 정담을 나눌 공간이라도 조성해주면 아니 되는 일일까. 그 흔한 도시 공원에도 일회용 카메라와 필름 파는 사람이 있건만, 마땅히 있어야 할 그곳에는 화장실조차 없었다. 어디 그 뿐인가? 인근의 닭과 개들이 다녀간 표시만 여기저기 나타나 있을 뿐이다. 아! 너무나도 섭섭한 정황이 아니고 무엇이던가.

경제가 아무리 어려워도 예전 같은 보릿고개를 우리 후세들은 모른다. 지구촌 시대 또는 글로벌 시대에서 자라는 요즘 세대들이다.

물질문명에 앞선 서양 여러 나라들이 그 나라가 낳은 인물들의 생가

나 유물들을 보존 관리하고 홍보해 세계의 이목을 집중시키고 있다. 이런 관광 상품화로 부가가치를 높이는 데 얼마나 힘을 다하는지 우린 잘 안다. 그런데 정작 일찍이 정신문명이 앞선 동양, 특히 우리는 소중한 문화유산에 대한 지킴과 발전, 홍보 등에 지나칠 정도로 관심도 열정도 없다.

빛나는 문화를 만들어 나가지도, 그 문화를 지키고 발전시켜 나가지도, 만방에 적극적으로 홍보해 나가는 열정과 노력을 하지도 않는 국가 사회에 결코 미래가 없다는 것은 상식이다.

이제는 문화시대이다. 각 민족의 문화유산을 소중히 여기는 유네스코에서는 세계문화유산을 공동으로 보호 장려하고 있다. 종묘 제례와 경주 남산의 중요함뿐만 아니라 어둡고 고통스런 역사를 살아 낸 훌륭한 문인들의 문학정신과 작품들의 산실인 유적지들도 중요한 것이다.

지금은 우리의 아름다운 얼, 굳센 의지를 향유할 유무형의 문화를 창출하고 유지 발전시켜 민족자존과 국가위상을 드높이는데 슬기를 다하는 참모습의 견지가 절실히 요구되는 때가 아닌가 한다. 우리의 문화유산이 오월의 아름다움처럼 더욱 찬란히 꽃피기를 소망해 본다.

제4부

윗물은 흐려도 아랫물은 맑다

호국영령, 참 교훈을 배우자

유월 육일의 산하는 녹수청산으로 한결 싱그러움을 더한다. 분명 초여름의 유월은 일대 신품으로 빚어 놓은 신록의 향연으로 절정을 이루는 달이라 해도 지나침이 없으리라. 그러하지만 이렇듯 풍요로운 이 땅, 이 싱그러운 산하가 결코 우연히 이루어진 것이 아님을 우리는 알아야 한다. 이렇게 풍요롭고 싱그러운 오늘의 산하가 있기까지에는 지나간 날 그 얼마나 많은 고귀한 생명의 희생이 있었는가를.

우리는 원호의 달 유월에 즈음하여, 실로 숙연한 마음가짐으로, 오늘의 이 영예로운 발전 한국이 있게 한 30여 년 전, 뜨겁고 값진 피흘림의 거룩한 살신성인 교훈을 뼛속 깊이 되새겨야 할 줄로 믿는다. 그러므로 이 시대를 사는 우리의 참스런 사명이 어떤 것인지를 알아 그 참스런 길로 정진하는 계기로 삼아야 한다.

우리의 수려한 산하는 30여 년 전, 참 주인정신을 지키지 못한 어리석은 작태로 인해서 아비규환의 지옥으로 화했고 육이오 전사가 당사의 상황을 극명하게 보여주듯이, 우리의 거룩한 의인들의 희생은 이루 표현할 수 없을 만큼 심대했었다.

육탄으로 적과 싸워 승리했고, 수류탄마저 태부족하여 양손에 화염병을 들고 적 탱크에 뛰어들어 부수어 버리고 장열하게 산화한 무명용사들, 비 오듯 쏟아지는 적 포탄 속에서도 활화산처럼 용솟음치는 민족애, 조국애로써 단 한 치의 산하도 결코 앗길 수 없음을 죽음으로서 증언한 자유수호의 용사, 꽃다운 젊음을 나라에 바친 군번 없는 용사, 용사들. 여기 일일이 매거할 수 없는 위대한 무훈의 용사, 거룩한 희생정신을 죽어도 죽지 않는 용사의 살신성인 정신을 우리는 결코 잊어선 안 된다.

또한 주인이 주인의 자리를 지킬 수 없으면 객이 주인의 자리를 차지하고 마는 단순한 진리를 잊어서도 안 된다. 주인이 주인 된 도리를 잃고 주인의 권리를 참되게 행사하지 아니한 관계로 우린 붉은 이리의 집단에게 우리의 강토를 유린당하고 고귀한 의인들만을 수없이 잃은 채로 그들의 거룩한 희생, 값진 피흘림의 희생도 보람 없이 산하는 두 동강이 나는 참담한 비극을 초래한 것이다. 이처럼 민족의 비극적 상황은 휴전 후 30여 년 전이 지난 오늘에도 엄연하게 현존하고 있음을 우리는 절대로 간과해서는 아니 된다.

그러나 진리를 열고 학문을 연구하는 지성의 산실에서 내일의 이 나라의 주인이어야 하는 막중한 소임을 안고 통일 염원을 풀기 위한, 참 실력을 닦아야하는 대학인, 그 대학인 가운데는 대학인의 참된 사명을 망각한 채 지나친 사회참여로 사회질서를 어지럽히고 부모님의 간절한 소망을 외면하며 국가지상의 보류인 국가안보마저 위태롭게 하는 어리석음을 범하고 있음을 볼 때 심히 우려되는 바 크다.

최고의 지성인 대학인은 모름지기 어떤 것이 자신의 가정과 국가사회에 이로움이 되는가를 냉철하게 사고하고 판단하여 조금치도 어긋남이 없는 언행의 실천이 따라야 할 줄로 안다. 또한 대학인은 오늘의 이 소중한 자유와 안정을 느낄 수 있음은 지난날 진정한 평화, 자유를 수호하려고 붉은 공산집단과 싸워 승리하여 우리에게 자유라는 지상 최대의 권리를 안겨주고 장렬하게 산화해간 숭고한 호국영령들의 값진 희생의 댓가와, 155마일 전선을 철벽같이 지키고 있는 필승 국군의 임전태세에 있음을 명심하여야 한다.

그러므로 우리 젊은 지성인들은 나라 위해 가신 님들과 국군장병과 사랑하는 자식을 읽은, 남편을 여윈, 피로서 전우를 잃은 어머니와 아내, 동지 등 한맺힌 설움을 달래고 나라를 위해 신명을 바친 것을 영광으로 알고 오늘을 살아가는 우리의 이웃 유가족들을 위로하고 돕는 참뜻에서라도 대학인은 대학인 본연의 자세를 견지, 참 실력 연마에 젊은 시절을 다해야 하는 것이다.

만에 하나 책임 없는 언행으로 하여 국가사회의 안녕질서가 파괴된다면 이는 나라 위해 가신 님의 숭고한 참 교훈을 유가족의 비탄을, 국방을 담당하는 국군장병의 노고에 역행하는 결과를 낳는 것이며 이는 돌이킬 수 없는 대과(大過)의 어리석음을 면하기 어렵게 될 것이다.

다시 사족(蛇足)을 들어 논하거나 이 나라 최고의 지성인 모든 대학인은 잠시도 정신의 이완없이 다소의 불편은 슬기로써 다스려 오늘을 사는 현명한 지성의 참몫을 다해 나아가야 할 것임을 강조해 두며 수호의 달 유월에 즈음하여 유월의 참 교훈을 명심하며 지난날의 나라 위해

가신 님, 호국영령들께 진정한 사모의 정과 아울러 추모를 드리며 가신 님 못지않게 자신과 나라를 위해 힘써 생활하는 유가족들께도 이 지면을 통해 감사드린다.

정치의 요도(要道)

정치를 사명으로 하는 정치인은 무릇 국가와 국민의 안위와 보전을 위해 열혈성심을 다해야 하고 이러한 책무를 지는 이들만이 참다운 정치인으로 존대할 가치가 있는 것이 아닐까. 그런데 작금의 정치인들을 보면 올바른 경세가 보다는 사리와 사당 유지에 연연하는 정치가만 많은 것 같은 착각을 갖게 하고 있다. 여야를 막론하고 정치를 하는 사람이나 그들이 적을 두고 있는 정당은 한결같이 국가나 민생에 있어서 시급한 당면 문제 해결을 위한 모든 노력을 기울여야 함이 마땅함에도 불구하고 이 같은 막중한 책무를 잊고 국리민복에 아무런 도움도 주지 못한 권력 유지에나 열중하고 있는 것 같기 때문이다.

이 같은 염치없는 행태에 의한 우리 국가사회의 현실은 범죄와의 전쟁, 경제와의 전쟁을 선포하는 지경에 이르렀으면서도 아무런 대중요법적인 효과도 없이 날로 어지러워지고 피폐해져 중증의 반사 상태에 처해 있게 된 것이다.

오늘날 나라밖의 여러 국가들은 다가오는 2000년대의 빛나는 영광을 쟁취하기 위하여 모든 역량과 지혜를 짜내어 가며 열심히 뛰고 달리고 있는데 이 땅에는 무소신, 무정견의 비생산적이고 소모성의 계파별 지역별 패권 다툼 등의 권력 노름으로 인하여 아무런 욕심도 없는 애꿎은 국민들만 등창 나고 기막히는 피해를 보는 안타까운 실정에 놓여 있다. 하기야 우리의 역사를 뒤돌아보더라도 언제나 피해 입는 쪽은 민초들이었고 간난신고의 역사를 남긴 쪽은 소위 민초 위에 당당히 섰던 지도층이었던 점은 분명했다.

하지만 정치인 및 각계의 지도층은 이같이 지나온 우리의 역사적 사실을 거울삼아 똑같은 실책을 거듭해서는 현명한 국민 앞에 떳떳하게 나설 수 없게 되어 있다.

그러므로 이 시대의 국가 경영을 책임 맡은 정치인과 지도급 인사들은 국민 앞에 당당하고 의연한 경세가들로서 우리의 국가사회가 세계 앞에 우뚝 서는 일등 국가사회가 되도록 피나는 노력을 아낌없이 기울여야 한다.

이러하자면 정치인들의 참다운 자기성찰이 있어야 하는데 이 같음은 '논어'에 李康子가 孔子의 정치의 要道에 관하여 여쭈었을 때 答하여 주신 '正字正也 子師以正 孰敢不正'의 참된 가르침을 귀감으로 삼는다면 이 시대의 정치인들은 아마도 틀림없이 국민들로부터 존경받는 경세가들이 될 것으로 확신하는 바다.

성실한 사람이 대접받는 사회

오늘날처럼 성실이란 덕목이 새삼 요구된 적도 일찍이 없었으리라 생각하면 가히 오늘의 이 사회가 어느 정도 어지러운 사회인가는 불을 보듯 환하다. 사실 오늘의 이 사회는 성실이 실종되고 내일의 밝은 이정표 중 찾아 볼 수 없는 실로 허망의 늪에 빠진 지경에 처해 있다 해도 지나침이 없을 정도이다. 그러면 도대체 어찌하여 우리의 사회가 성실과 믿음과 사랑으로 충만한 화원이 되지 못하고 불성실, 불신, 증오로 오염된 타락한 인간시장이 되었는가.

이에 대해서 우선 생각해 볼 수 있는 바는 우리의 마음밭에 믿음의 싱그런 나무가 자랄 수 있는 토양이 척박한 것이 문제이다. 사람이 사람답게 살아가는 슬기로운 사람이게 하는 전인교육은 팽개쳐 두고 마치 사설학원 같이 최상급학교 진학을 위한 입시위주의 교육에도 치달리는 나머지 참다운 교육의 부재 때문에 그러하다. 이러한 메마른 토양 위에 부모 자식 간에 사제지간에, 친우 간에 사람들의 만남 사이에 믿음과 사랑의 싱그러운 꽃과 나무들이 아름답게 자랄 수 없음은 너무도 뻔한 노릇이라 하겠다. 우리 속담에 될 성 싶은 나무는 떡잎부터 안다고 하지 않았던가. 이 말은 그만큼 교육의 중요성을 강조한 잠언이라 할 수 있다.

만시지탄이나 늦은 것을 깨달음이 그래도 빠른 것이라 했으니 이제라도 우리는 잘못 꿰어진 단추를 다시 바르게 꿰는 행동으로 우리의 파행적인 교육 형태를 바로 잡아 전인교육의 진정한 정신으로 일관해야 한다.

이제 우리의 밝은 사회를 가꾸어 나아가는데 요구되는 교육 문제에 대한 대중요법과 그 처방은 나와 있다. 문제는 어떻게 해야 성실이 넘쳐 흐르는 밝은 사회를 가꾸어 나갈 수 있는가 하는 것이다.

이러한 문제의 해결 열쇠는 각 분야의 지도급 인사부터의 의식개혁과 올바른 언행일치에 있다. 그러한데 작금의 지도급 인사들의 행태는 바람직하지 못한 것이 사실이다. 가령 이 나라 국정을 책임지고 있는 정치인이나 정부의 요직에 있는 인사들의 비일비재한 부정한 행태를 부끄러워 할 아는 양심과 자신들의 언행이 국가사회에 미치는 파급효과가 얼마나 심대한지를 가늠할 수 있는 의로운 양식이 있어야 한다.

그럼에도 불구하고 다수의 인사들이 자신들의 중차대한 책무를 잊은 채 의롭지 못한 부귀영화만을 추구한 채 이기로움에만 탐닉함이 그러하고 나라의 경제를 책임져야 하는 재계의 인사들도 건전한 복지사회를 가꿀 수 있는 튼튼한 경제성장책을 강구하고 펴나가기보다는 오히려 가진 자 중심의 경제정책과, 우리의 소득 수준에 맞는 건전한 소비의 미덕보다는 과소비 풍조를 조장하는 듯한 느낌마저 들게 하는 무책임한 행태들이 그러하고, 문화계를 이끌어가는 인사들 또한 유 · 무형의 소망스런 빛나는 문화를 창조해 가야함에도 불구하고 우리의 순수한 전통문화의 발전 계승을 위한 문화 선양보다는 오히려 우리의 의식과 행동을 파렴치하고 병적인 것으로 몰아가는 저질적이고 퇴폐적인 외래 문화를 마구잡이로 수입 확산시키고 있는 빙산의 일각 같은 한 예 등인 것이다.

이 같음이 작금의 우리 사회 각계를 대표하는 지도급 인사들의 목불인견의 행태를 적나라하게 보여주는 현실이다.

위에 지적된 예들은 표피뿐인 한 예에 지나지 않지만 이러한 저질적이고 부도덕한 행태들을 지도급 인사들이 정녕 버리지 못하고 하나의 관행처럼 행사되어진다면 우리의 사회는 언제까지고 더럽고 오염된 퇴폐적인 데서 헤어날 수가 없다 할 것이다.

그러므로 각계의 지도급 인사들은 이제부터라도 모든 면에서 개심하고 의식의 대전환을 통하여 새롭게 태어나는 양식이 있어야 하고. 솔선수범의 언행을 통하여 국가 사회를 당당히 이끌어 가야 한다.

이러한 때에 우리의 새 세대들은 이들의 언행을 귀감으로 하여 열심히 배우고 닦아 일신우일신으로 커다란 재목으로 성장해 갈 것이고, 이러한 소망스런 교육에 힘입어 우리의 사회는 바야흐로 싱그럽고 아름다운 성실과 사랑이 충만한 건전 사회가 영속될 것이다.

짧은 만남, 그리고 다시 긴 이별

지난 8. 15~18일에 서울과 평양에서 질곡의 세월 반세기만에 실로 어렵게 성사된 남북 이산가족 200가구의 눈물겨운 만남은 지구촌 여러 나라 사람들에게까지 심금을 울리게 했던 감동의 파노라마였다. 끈끈한 혈연이 온몸으로 만나는 역사적 모습은 뜨거운 감격이 용솟는 눈물바다였다.

이 만남은 우정 남북으로 갈라선 우리 겨레가 역시 한겨레 한 핏줄이라는 엄연한 진리가 확인되는 뭇자리 만남이었다. 하지만 이 같은 감격적인 만남도 이산의 아픔을 절절히 겪고 있는 1천만 이산가족 가운데 빙산의 일각에도 지극히 못 미치는 극소수의 주인공들만이 아주 잠시 만나는 것 만으로나마 만족할 수밖에 없는 기막히는 만남이었다. 그리고 보고픈 혈연을 만날 그 기회마저도 알 수 없는 대다수 이산가족들에겐 자신들의 처연한 처지에 대못 박는 절통한 그림이기도 했고…….

더욱 우리의 가슴을 치는 애달픈 사실은 뜬금 없이 흐르는 세월 속에 점점 낡아져 가는 생명줄에 의지하여 힘겹게 황혼 인생을 사는 이산가족들의 억장이 무너지는 가녀린 삶이다. 겨우 50년 만에야 현실로 다가온 만남 그 기쁨의 시간은 찰나, 생명줄이 다하기 전 또 언제 상봉할지 기약 없는 이별 그 슬픔의 세월은 억겁과 같을지니 말이다.

도대체 왜 이들의 삶이 이러해야 되는지, 하늘이 부여해준 고귀한 이들의 삶, 여지없이 망가드린 이들의 삶을 누가 원상 회복시켜 놓을 수 있을 것인가. 이들의 억울한 삶을 천만분의 일도 보상해 줄 수 없는 내 자신도 울화가 쿵쾅 치밀어 오름을 억누를 수 없는데 오장육부 숯 검댕이 된 채로 살아가는 이들의 속내야 오죽할까. 이들의 기막힌 삶에 그저 통재(痛哉)일 뿐이다.

천주님이 아니고서는 어떤 것으로도 고귀한 한 인생의 삶을 좌지우지 할 수 없고, 더욱이 한 인생 전부의 삶을 송두리째 망가뜨릴 수 없음은 부동의 진리이다. 그런데 이들의 고귀한 삶, 다시 오지 않는 오직 한 생애뿐인 삶을 망가뜨린 것은 오로지 인간사냥에 사탄적 재능을 지닌 추악한 독재자들과 그 주구들의 귀신 씨나락 까먹는 소리 같은 이념 가지고 전쟁놀이를 일삼던 미치광이들 때문이다.

그러나 어찌하랴. 수많은 이산가족을 양산한 주범들은 대다수 천벌을 받기 위해 이승을 떠난 마당에 그네들을 원망해본들 무엇하며 그 무엇으로 이산가족들 그 망가진 삶의 한을 한껏 풀어줄 수 있단 말인가. 이럴진대 이산가족들의 망가진 삶의 한을 다소나마 풀어줄 수 있는 주체는 이 땅에서 비교적 자유롭게 사는 우리이다. 그리고 뒤늦게나마 이산가족들이 한 가정 이루어 행복하게 살아갈 수 있도록 최선을 다해 부단히 노력해야 하는 책무는 우리 모두의 몫이다. 이 같은 막중한 소임을 다하기 위해 우리는 한결같이 무실역행에 힘써야 함이 마땅하다. 하여 다시는 이 땅에 한겨레이면서 이산의 아픔을 절절히 겪는 억울한 형제 자매들이 없이 어울렁 더울렁 더불어 사는 살맛나는 아름다운 나라로 자리를 굳혀 나가야 하는 거다.

이런 나라와 겨레 되기 위해서 우선해야 하는 것이 바로 선 교육의 실천이다. 바로 선 교육이 이 나라 이 겨레다웁게 하는 최선의 길임을 잘 아는 우리, 뒤늦다 싶은 이제부터라도 한겨레의식 갖고 한시라도 이산가족의 아픔을 잊지 않는 가운데 한결같이 환골탈태의 심정과 각오로 교육 선진화에 매진해야 함이 마땅하다. 이러한 부단한 노력이 오늘의 이산가족들, 그 질곡의 아픔을 조금이라도 이해하고 덜어주는 데 우선하는 최소한의 책무이며 도리이며 덕목임에 틀림없다.

마무리에 소망하는 바는 외화내빈 같이 비칠 수도 있는 국민의 정부가 아닌 자유대한의 긍지와 자존을 지키는 데 최선을 다하는 명실상부한 국민의 정부의 견지이다.

헤아림의 미덕

요즘 세태를 보면 한결같이 '내 탓'은 없고, '네 탓'만 있다. 그리고 무조건 큰소리치고 보는, 일종의 호통제일주의의 꼴불견의 형국이다. 한마디로 뭐 묻은 개가 재 묻은 개를 나무라는 격인 것이다. 학교도 그렇고, 정치나 경제 심지어는 교회까지 모두 마찬가지이다.

도무지 상대방의 입장에서 이해하려는 '헤아림'의 미덕, 즉 역지사지(易地思之)는 그야말로 옛 말이 되고만 것 같다.

학교사회는 국가의 동량을 육성한다는 책임 의식보다는 틀 바꿈과 홍보 전략으로 예산 따내기에만 혈안이 되어 있는 실정이다. 어려움 속에서도 늘 당당했던 이 나라 선비들의 후예이고, 또 의연한 신사이어야 할 학자 사회가 언제부터 이렇게 금욕에 눈이 어두운 돈벌레가 되었는지, 남은 그만 두고 우선 나 자신부터 부끄럽기 이를 데 없다.

학교의 경우뿐만 아니라, 정치판도 역시 마찬가지이다. 국민의 복지와 안녕보다는 당리당략과 보신주의에 의해 노선찾기에만 바쁘니, 그들은 과연 무엇을 위해 그 길에 들어선 사람들인지 도저히 알 수가 없다. 그들도 역시 퇴출되어 처자식 굶어 죽일까 봐 그러는 것일 테니, 가장은 역시 피곤한 사람들임에 틀림이 없는 것 같다.

오로지 자기 자신만, 자기편만, 자기 쪽만 살피고 챙기는 지독한 이기심을 버리지 않는 한 사회는 절대로 개선되지 않는다. 이타심이 결여되었다고 하는 것은 그만큼 우리 사회가 부패되고 썩었음을 입증하는 예인만큼, 이기심만 버린다면 우리 사회는 하루아침에 개선될 수 있을 것이다.

학교는 오늘 당장의 현실보다는 내일의 우리 사회를 위해 존재하는 기관이라고 볼 수 있다. 따라서 경우에 따라서는 사회 현실과 단절된 상태에서 미래를 준비하는 것도 현명한 조치일 수 있다. 그러기 위해서는 그들을 설득시킬 수 있는 철학이 준비되어야 한다. 물론 이 일이 쉬운 것은 아닐 것이나, 학교 행정을 담당하고 있는 사람이나 교육 지도자, 즉 교수나 교사들만 확고한 신념을 가지고 뭉친다면 얼마든지 새로운 분위기를 창조할 수 있으리라고 본다. 학교가 일종의 치외법권과 같은 나름의 특권을 누리는 것은 그들에게 거는 사회의 기대가 그만큼 특별하기 때문이라고 볼 수 있다.

지성은 곧 이성이다. 따라서 비이성적인 행태가 난무하는 학교는 엄밀한 의미에서 학교가 아니다. 만약에 그런 학교가 한 군데라도 있다면, 그것은 우리 사회의 비극이다. 또 그럴 리야 없겠지만 그런 학교가 많다고 한다면, 그것은 우리 국가 그리고 우리 민족의 비극이라고 보아야 할 것이다. 그것은 우리 국가나 민족에게 미래가 없다는 말과도 같은 뜻으로 이해될 수도 있기 때문이다.

모름지기 스승은 스승의 덕목을, 그리고 학생은 학생으로서의 덕목을 제대로 지키자는 것이다. 그래야만이 썩음의 늪에서 벗어나 향훈이 넘치는 아름다운 학교를 만들 수 있게 될 것이다.

죽을 맛이다

요즘 국민은 죽을 맛이다. 숨쉬기가 어려울 정도로 버겁게 살고들 있다. 정책 당국의 졸속 정책 남발과 정책 시행 실패에 대해 누구도 책임지려 하지 않고 사후약방문 같은 처방마저도 제대로 내지 않는 이른바 무정견, 무대책, 무대응, 무책임한 풍토에 가위눌려서이다.

도대체가 제대로 되는 것이라곤 별로 없고 여기저기서 벌어지는 우정 짜증나는 일이란, 제 잇속 챙기는 일 이외 다른 일이야 잘 되든 말든, 남이야 죽든 말든 거들떠보지도 않는 몰염치한 패거리들의 질펀한 싸움질뿐이다. 그리고 패거리들의 싸움질이란 게 마치 브레이크 고장난 기관차처럼 도무지 제어가 되지 않는 싸움질이다.

국민의 생존, 생계문제는 안중에도 없는 '여당 야당'의 국력을 소진시키는 이전투구 짓거리, 히포크라테스 선서를 스스로 비웃고 파기하는 것인지, 국민의 귀중한 생명 보전의 거룩한 책무를 외면하면서까지 의료파업을 강행하고 있는 의료인들의 비인륜적 작태, 국민이야 납덩이

들어 있는 식품을 먹고 건강을 잃든 말든 변명으로만 일관하는 당국의 몰염치한 행태들이 우리의 삶을 더욱 비참하게 만든다.

이 따위의 꼴불견의 작태가 가뜩이나 이정표가 뚜렷하지 않은 안개 사회에 극도의 갈등과 혼란만 가중되는 형국을 만들고 있다. 법은 있으되 갑 속에 든 칼과 같아 자유 민주를 지키는 보검이랄 수 있는 법을 아주 우습게 여기고 깡그리 무시하는 무법천지, 통제불능의 기막힌 사회가 돼가고 있다. 오호통재일 뿐이다.

오늘날 우리 국민은 마음 놓고 살 최소한의 기본적인 삶의 환경마저도 잘 유지시켜주지 못하고 있는 무기력한 당국에 크게 실망하고 있다. 당국에 보낸 지지나 신뢰가 물 건너 간 것도 한참 됐다. 최소한의 생계유지마저도 곤란한 궁휼한 시민이 부지기수인데도 그들의 삶에 희망주는 대책과 지원은 지극히 소홀하면서도, 북한을 위한 것이라면 지나칠 정도로 도와주지 못해 안달하는 거룩한(?) 뜻을 이해할 수 없다는 국민들이 적지 않다.

조금은 그들보다 여유로운 만형격의 남쪽에서 북한을 물심양면으로 도와준다는 것은 마땅한 도리이며 아름다운 처사임이 분명하다. 그러나 기억하기도 싫은, 몇 년 전에 겪었던 위기가 또 다시 닥칠지도 모르는 결코 여유 있는 입장이 아닌 때에 우리 역량에 비추어 힘겨운 도움을 베푸는 것이 바람직하지 않다는 것이다.

도에 지나친 선심은 본 뜻과는 상관없이 오히려 위선적 행위로 비춰질 수 있는 것이다. 필연적으로 우선해야 하는 마땅한 소임은 무엇보다도 국민의 삶을 편하게 챙겨주는 일이다. 이런 극히 당연한 책무를 소홀히 한다거나 딴전을 본다거나 하는 것은 대단한 직무유기가 아닐 수 없다.

우리 국민의 다수를 차지하는 70%가 참으로 살기 힘든, 이 땅에 살기보다 이민을 가 살기를 원한다는 조사 결과는 충격적인 사실이다. 얼마나 이 땅의 삶의 풍토가 척박하면 이 같은 충격적인 사실이 회자되는가? 당국은 진지하게 곱씹어 보고 반성의 메시지로 삼을 필요가 있다. 하여 국민들이 모국을 떠나 타국에서 살고 싶어하는 지극히 비정상적인 생각을 갖지 않도록 삶의 질을 높여 나아가는데 최우선의 정책을 펴 나아가야 할 것이다.

모름지기 우리는 간절히 소망한다. 제발 어떤 이유로도 정당성을 확보할 수 없는, 존귀한 생명을 담보 삼아 자신들의 잇속이나 챙기려 드는 지극히 파렴치한 패거리 싸움질 따위가 일어나지 않는 건강한 사회를. 아름다운 마음들이 아름답게 살아갈 수 있는 질 높은 풍토를.

세상 거꾸로 보기

요즘 세상 참 요지경 속이다. 세상 돌아가는 일이 하도 요지경 속이다 보니 이해하기 어려운 일이 한두 가지가 아니다.

바로 봐야 한다거나 정상적인 생각으로는 도무지 알 수 없는 게 현실이다. 차라리 반대로 생각하고 거꾸로 봐야 이해가 더 잘되는 게 많다. 나라에 바치는 각종 세금도 봉급생활하는 이가 더 많이 내는 게 옳다. 증권 투자에 따른 손해도 개인투자가가 보다 더 많이 봐야 하는 게 정상이다. 법의 혜택이나 보호도 힘깨나 있는 이들에게 주어지는 게 의당하다. 요즈음 현실이 잘 보여주고 있는 게 증거가 된다.

유전이면 무죄이고 무전이면 유죄인 게 웅변이다. 윗물은 썩었어도 아랫물은 맑아야 하는 게 정의다. 고래 심줄 같은 끄나풀만 있으면 능력에 상관없이 높은 자리에 앉아 곤봉 흔들어 대는 게 제격이다. 백수로나 있을 사람이 좀 높은 자리에 앉았다 해서 뭬 그리 대순가.

현실이 그러면 그게 옳은 거지. 권력형의 수많은 게이트가 뭐 그리 흠될 게 있는가. 권력을 휘두를 수 있는 쪽의 문이 수없이 많은데 왜 문을 사용하지 않아야 하는가 말이다. 사용하지 않는 게 오히려 이상한 게지. 사회의 이름 난 지도층 인사들의 셀 수 없는 말 바꾸기 행태를 탓들 하지만 소귀에 경 읽기인 줄 알았으면 그만해 두는 것이 정신건강에 좋은 줄 왜들 모르는지 답답하다.

구멍가게에서 사탕 훔쳐 먹는 것이나 개도 안 먹는 억억하는 어마어마한 돈 처먹으나 별다를 바 없을 바엔 큰 것 처먹는 게 또 현명한(?) 처사 아닌가. 못 해먹는 게 바보라는데 허공의 메아리처럼 떠들어서 뭣하겠다는 것인지. 그렇게들 세상 물정 모르니 어리석은 친구들이란 소리 들어도 싸다 하지 않던가.

주위가 이러한 지경에 홀로 독야청청 하는 삶의 행태가 정말 어리석은 삶의 태도일진대 좀 늦은 감은 있을망정 다같이 제 잘난 멋대로 살아가는 게 백구과극(白駒過隙)의 이승살이에 더 나은 삶이 아니겠는가!

염치없는 사람들

무릇 한 나라의 국회의원이 되겠다는 사람들이라면 최소한 염치는 있어야 함이 마땅하다. 이러함은 그네들이 지녀야 하는 기본적 도리이기 때문이다.

염치란 게 무언가? "청렴하여 부끄러움을 아는 마음" 아닌가! 그런데 저간에 저마다 국회의원이 되겠다는 이들 가운데 일부의 면모를 보면, 도무지 염치가 뭔지조차 모르는 게 아닌가 하는 의구심을 떨칠 수가 없다.

'국방의 의무, 납세의 의무, 교육의 의무, 근로의 의무'라고 하는 국민의 4대 의무는 이 나라 국민이면 누구나 꼭 지켜야 할 중요한 의무이다. 그런데 이 중에도 가장 핵심적이랄 수 있는 '국방의 의무, 납세의 의무' 등을 이행하지 않은 이들이 감히 국회의원이 되겠다고 나서고 있다. 뿐만 아니라 '횡령, 배임, 사기' 등 각종 행정법규를 위반한 이들도 국회의원이 되겠다고 나섰다.

이들이 우리의 국가사회에서 법적으로나 윤리적으로나 심지어 국가안위 차원에서 판단해도 결코 자유롭지도 떳떳하지도 못한 이들이란 것은 주지의 사실이다. 이런 이들의 사려 깊음 없는 파렴치한 행태적 사실은 정상적 사고로는 참으로 이해가 되지 않는다. 무슨 염치없음이 이러하며, 같잖은 배짱이 이러한지 모를 일이다. 그저 체면이고 무엇이고 따지잖는 정말 웃기는 이들의 개그 콘테스트를 보고 있는 것 같은 느낌만 들 뿐이다.

어떻든 간에 이들이 저간에 체면 없이 볼성 사납게 설쳐대는 양태는 한마디로 유권자인 국민을 갓난아기쯤으로 여기는 교만방자, 방약무인한 행태에서 비롯되었다는 생각을 낳게 한다. 이렇듯 국민을 아직도 구상유취의 존재 정도로 아는 이런 이들의 남가일몽을 일깨우기 위해서는 국민이 현명한 판단으로 투표권을 올바르게 행사함이 필요하다.

필자가 평소 강의 때에 곧잘 강조하는 것은 "윗물은 썩었어도 아랫물은 맑다."라는 말이다. 이 표현은 내 말이지만, 이는 윗물은 비록 썩었어도 아랫물은 하수종말 처리 결과로 깨끗하다는 뜻이다. 그러니까 '윗자리에 있는 이들은 하나같이 썩었어도 아래의 대다수 일반 시민들은 예도와 나라법을 잘 지키며 살 정도로 순수하다.'는 얘기다.

하지만 '윗물이 맑아야 아랫물이 맑다'는 불변의 진리임을 부정할 수는 없다. 그러므로 내 말은 대다수 시민들의 편안한 삶을 위하여 윗자리에 있는 이들이 성심을 다하여 청렴한 생활로 수범적 삶을 견지해야 한다는 당위성을 이름이다.

모름지기 이 땅에 사는 시민의 한 사람으로 진솔히 바라는 바는, 도덕적 윤리적으로 떳떳지 못한 이들이 제발 남가일몽 같은 헛된 꿈에서 깨어나는 것이다. 그리고 자신의 수신부터 우선하는 성실한 삶을 살아가는 것이다. 이런 삶이 이 나라를 진정으로 위하는 그들의 참된 지도자의 길을 걷는 바로미터가 된다 하겠다. 떳떳하지 못한 국회의원 출마자들의 진정한 대오각성을 애정 어린 마음으로 촉구하는 바다.

어느 밥 알갱이의 인간적 소망, 그 쓴 소리

아주 잘난(?) 요즘 사람 그대들이여, 지난날 그대들이 정체성을 잃고 흐느적거리며 지낼 때, 늘 해맑은 영육으로 깨어 있기를 주창한 행동하는 양심, 예지의 자성 '함석헌' 옹과 '씨알의 소리'를 기억들 하는가.

그저 똥배만 키웠지 무지하고 몽매하기가 그지없는 그대들이 어찌 기억이나 하겠는가. 해서 요즘 이 땅의 그대들이 좀 부유해졌다고 그대들 식탁의 으뜸 식량으로 혁혁한 공로를 쌓아온 우리들 알곡의 존재를 수없이 홀대하였다. 이에 그 배부른 짓거리들을 '씨알의 소리'처럼 정의의 소리로 올바로 꾸짖고 경계로 삼는 '쓴소리' 좀 하려 한다.

우리 고귀한 알곡들이 알량한 그대들 먹거리가 되기 위해 얼마나 고초를 감내 해왔는가는 어리석은 그대들일지라도 모를 리 없을 터. 허나 그대들은 그대들의 생존을 위해 존재해야 하는 우리에게 필설로 다할 수 없는 황당한 짓을 해댔다. 지극히 소중한 우리의 꿈과 희망 그리고 권리와 의무를 번번이 짓밟아 왔다.

한마디로 되어먹지 못한 성정의 그대들은 그대들을 위해 이제나 저제나 오로지 희생으로 일관해 온 우리의 삶을 놀부 심보와 같이 짓뭉개놓기 다반사였다. 얼마간의 눈코치만 있어도 온갖 풍상과 천신만고 끝에 그대들의 먹거리 되는 고단한 우리의 삶을 이토록 무지하게 짓밟지는 않을 것이었다.

자고급금(自古及今), 인구에 자주 회자되는 말로 '몸 아픈 고통은 참을 수 있어도 배고픈 설움은 참을 수 없다' 했다. 도대체 그 고픈 설움이 뭔지도 모르는 철딱서니 없는 것들은 가엾기 이를 데 없는 철부지들이다. 더구나 모든 먹거리의 맏형 격인 우리에게 복 나갈 짓만 해대다 그저 끝내는 설거지 물통 속에 쳐 넣기나 하고, 음식물 쓰레기로 냅다 버리는 것들은 제대로 된 성정의 사람이랄 수 없다.

그저 영락없는 망나니 같은 족속들일 뿐이다. 까닭에 우리의 숭고한 희생적 삶을 무참히 앗아간 그대들은 어김없는 망나니형 철부지, 그 어두운 멍에에서 결코 자유로울 수 없는 건 그대들의 육신 안에서 건강한 혈육으로 거듭나 그대들 삶과 함께 하려는 우리의 꿈과 소망을 이루게 해주는 성실한 실천 여부에 있다.

이제까지의 그대들은 분명 사람은 사람이로되 그대들의 유치한 식사습관으로 인해 도무지 사람 같지 않은 사람이라는 오명을 이고 지냈던 것이 사실이다. 그대들이 희생의 삶을 생명으로 하는 우리를 슬프게 한 결과다.

우리는 그대들이 오명으로 얼룩진 치욕적인 삶을 사는 걸 결코 원하질 않는다. 그대들의 치욕적인 삶의 연속은 우리들 삶의 슬픈 역사가 되기 때문이다. 이러한 삶은 결코 서로가 바라는 삶이 아니다. 그대들은 모름지기 사람 같은 사람들이어야 하고, 우리는 그대들의 건강한 삶을 영속케 해주는 거룩한 희생적 삶의 위업을 지속적으로 이어 나가야 한다. 우리들 씨알의 숭고한 삶이 그대들의 혈육 안에서 그대들 건강한 삶 속에 함께 하는 것이 우리가 바라는 성공의 삶이다.

그대들을 사랑해 마지않는 우리가 그대들이 싫증낼 것을 잘 알면서도 미주알 고주알 잔소리를 거듭하는 것은 오로지 그대들의 일용할 풍성한 양식이 되고, 나아가서는 그대들 육신의 튼실한 근간이 되는 피가 되고 살이 되고자 함이다. 하여 그대들의 생이 다하는 날까지 함께 하려는 소망일 뿐이다.

그러나 아이러니한 것은 우리의 진지한 소망이 도중에 물거품으로 사라지는 비극을 늘 달고 산다는 것이다. 이것이 우리의 태생적인 숙명이라 해도 벗어나고픈 비극이 아닐 수 없다. 비극의 비극은 우리의 의지와는 상관없이 사람들의 성정과 제2의 습성 행태에 따라 결정되어지는 슬픈 우리의 생애에 있다.

더욱 슬픈 생애는 고단한 삶의 여정 끝자락에서 사람들이 남김없이 취하는 사랑 받는 먹거리가 되지 못하고 최고 정점에서 추락되고 마는 데 있다. 사람들의 건강을 지키며 그들과 함께 그들의 생이 다할 때까지 그들의 피와 살로 승화되지 못하고 기구하게도 설거지 대상으로 타락하여 더러운 신세로 생이 마감되는 삶이 슬프다.

천신만고를 감내해 낸 영광된 여정의 노력이 일순간에 도로아미타불되고 마는 애통한 삶 말이다. 설상가상, 우릴 위해 온갖 시련 속에 고귀한 희생을 바친 우리의 배냇 동기인 뿌리, 줄기의 형제들과 부모 같은 농자님들에 대한 미안함이 우리의 애달픈 삶을 더욱 가위눌리게 하는 것으로 고통을 더한다.

각설하고, 그대들은 구원받기 어려운 망나니 같은 철부지 행태로 우리를 쓰레기, 오물 이상으로 무시하기도 하고, 노상 온갖 죄질을 거리낌 없이 저질러들 댔다. 하지만 우리는 망나니 행태를 일삼는 그대들에 대한 저주나 원망 따위는 하지 않는다.

이는 그대들이 우리의 지나온 역사를 보아서도 잘 알 수 있을 터. 다만 우리는 늘 구상유취(口尙乳臭)하기 이를 데 없는 그대들의 대오각성하는 진솔한 깨우침이 있기만을 소망할 뿐이다. 오로지 그대들을 위한 먹거리로서의 사명을 다하기 위해 희생적 삶을 사는 우리는 예서 더 바랄 게 없다. 우리 일생이란 것이 하나의 밀알, 그 어미 속에서 태어나 도중에 쓰러지지 않고 끝까지 살아남아 그대들의 먹거리 되는 순교적 삶이 우리의 최대 영광된 삶인 것을.

요즘 좀 살게 됐다고 해서 일부 입맛 간사한 것들이 결코 제 건강에 별 도움이 되지 않을 인스턴트 식품의 꾀임에 넘어 가서 우릴 홀대하는 풍조가 역력한 게 한심하다면 한심한 것뿐이다. 자고로 조강지처 무시하고 버린 놈 치고 잘되는 놈 없다 했는데 글쎄 우릴 홀대하고 건강하게 명줄대로 잘들 살지 걱정이다.

괜한 염려인지는 모르겠지만, 아무튼 우리는 이제껏 그래 왔듯이 우리를 선호하는 사람들의 입맛에 맞는 더욱 품격 높은 먹거리 되기 위해 고진감래하는 희생적 삶만 잃지 않으면 될 일이다. 하면 우리의 이 같은 희생적 삶의 여정은 결코 헛되지 않은 여정이 될 것이다. 우리 씨알 형제들이 사는 이 세상은 그래도 제대로 된 사람들이 보다 많이 살아감을 아는 터이기 때문이다.

씨알로부터 밥 알갱이 되기까지의 우리 삶이 매우 고단한 여정임을 갓난이 말고는 철부지도 아는 바이다. 우리의 고단한 삶은 사람, 그들의 생존을 위해 지속된다. 하니 사람들은 우리를 마땅히 은애함이 옳다. 이런 우리를 이유야 나변에 있든 홀대하는 건 죄악이다. 우릴 홀대하는 자는 멀쩡치 않은 사람이다. 그간 우린 사람 같지 않은 자들에게서 수없이 홀대를 받아 왔다.

우리는 사람들을 위해 끝까지 존재한다. 때문에 우린 사람들에게서 사랑 받을 의무와 권리도 있다. 때문에 우린 우릴 맘대로들 홀대하고 농락해온 망나니 같은 철부지 족속들에게 복 나갈 작태, 거지꼴 될 짓거리들을 삼갈 것을 무언의 쓴소리로 일갈해둔다. 그래 언제까지 하느님께 두려움 모른 듯이, 하냥 망나니 같은 철부지 짓으로 구제 받지 못할 삶을 살 것인가를. 제발 바랄 테니 모름지기 사람다운 사람으로 거듭나 철 좀 들라고…….

제 사랑과 남 사랑

제 사랑(愛己)과 남 사랑(愛他)의 아름다운 덕목이 강조되기는 일제(日帝)때 구국의 횃불로서 겨레의 참스승으로서 이 나라 이 겨레의 독립과 자존을 위하여 살신성인(殺身成仁)했던 도산(島山) 안창호(安昌浩) 선생에 의해서인 것으로 여겨진다.

이를테면 서로 거짓 없이 참으로 사랑하기 공부에 힘쓰기를 강조한 '정의돈수(情誼敦修)'나 조화로운 겨레의 훈훈한 기운을 바랐던 '훈훈한 마음 빙그레 웃는 얼굴' 같은 미소 운동 등의 역행(力行) 등이 그것이라 할 수 있다.

이 같은 맑고 청아한 순백(純白)의 사랑철학인 '애기애타(愛己愛他)' 정신은 믿음 소망 사랑 중에서도 사랑이 으뜸이라는 기독교의 가르침과도 일치하는 것으로서 오늘과 같은 배금사상(拜金思想) 물질만능주의가 낳은 인간경시(人間輕視) 풍조가 팽배한 무정(無情)의 사회에서는 참다운 인간 덕목이 아닐 수 없다.

그러면, 우안으로 나와 가정을 사랑하는 일과, 바깥으로 타인과 사회를 사랑하는 일 가운데 어느 쪽의 사랑에 힘써야 하는가. 사고(思考)하기에 따라서는 나와 가정보다는 타인과 사회를 위하는 사랑이 한결 값지고 아름다운 사랑 윤리일 수도 있을 것이다.

그러나 잠시 생각의 눈을 다르게 하여 본다면 꼭 그렇지 만은 않음으로 보게 된다. 어떤 경우에서는 어느 누구이든지 간에 안으로 자기 자신과 가정을 사랑하지 않는다고 하면, 진실로 타인과 사회를 위하여 헌신봉사할 수 있는 사랑을 할 수 없음은 당연하다.

이와 같이 미루어 볼 때 자기 자신과 그 가정을 진실로 춘풍이 감도는 훈훈한 사랑으로 지켜나가지 못하면서 타인을 사랑한다고 하면 분명 그 사람은 거짓 사랑의 대본을 연출하는 사이비 연출자일 것이고, 그 사랑은 조소를 금할 수 없는 거짓 사랑일 것이다.

정상의 사회 무대는 이러한 사이비 사랑 연출자를 원치 않는다. 그러므로 순수한 관객을 모독하는 이 같은 사이비 사랑 연출자는 거짓 사랑의 무대 연출을 그만두고 자신을 돌아보고 가정을 지키는 원초적인 사랑 공부부터 다시 시작해야 할 것이다.

애기애타(愛己愛他)의 참 사랑은 결코 유희가 아니기 때문에 더욱 그러하다.

가출(家出)과 출가(出家), 그 낱말의 의미 산책

우리의 말글을 보면 낱말 등의 이룸과 뜻 쓰임이 아주 뛰어나고 재미있는 게 많다. 가령 '관련'이나 '연관', '상호'나 '호상', '이별'이나 '별리'를 보면 낱말 짜임이 서로 앞뒤로 뒤바뀌어 이루어졌을 뿐, 글자의 꼴의 가감도 없고 뜻 또한 전혀 별다른 바가 없다.

그런데 이를테면 '가출'과 '출가' 같은 낱말은 글자꼴(한자 쓰임)이 별다른 바가 없음에도 불구하고 그 뜻은 천양지판이 된다. 일반적으로 '가출(家出)'은 좋지 않은 의미, 곧 부정적인 의미로 '출가(出家)'는 세속을 떠나 구도하는, 이른바 긍정적인 의미로 쓰이는 것이 상례이다.

예를 들어 '가출'은 문제 청소년들이나 성인남녀 등이 집에서 뛰쳐나오는, 그리하여 그 결과 또한 대개는 비관적인 결말을 낳는 게 일반이다. 소위 어리석은 생각과 행태를 반영하는 따위의 경우에 쓰이는 말로, 일반적으로는 부정적 의미를 다분히 담고 있다. 이에 비해 '출가'는 대체적으로 뚜렷한 자기의식과 사명을 지닌 이들이 자신보다는 사회를,

또는 국가와 인류애를, 더 나아가서는 사생관을 뛰어넘는, 이름하여 삶의 뒤안길의 제문제를 이해하고 터득할 수 있는 구도의 길을 가기 위하여 집을 나서는 것을 나타낸다. 그러니까 부정적인 요소보다는, 다분히 긍정적이고 생산적인 요소를 의미하는 낱말로 쓰이고 있음을 알 수 있다.

물론 그렇다고 해서 '가출'이 꼭 부정적인 결과를 낳는 그런 류의 낱말이라거나, '출가'가 꼭 긍정적인 결과를 낳는 따위의 의미를 지닌 낱말만은 아니다. 한 예로, 현대그룹의 신화를 창조한 정주영씨가 소 한 마리 값을 가지고 무조건 상경을 하였지마는 인생실패로 끝난 것이 아니라, 전세계의 모범적인 성공사례의 주인공으로 청사에 길이 기록될 화려한 족적은 남기듯이, '가출'은 인생유전에 필요 이상의 결과를 나타내 보이고 있는 것도 사실이다.

반면에 '출가'가 꼭 인생관과 세계관의 정수를 드러냄뿐만 아니라, 때로는 실패의 엑기스를 나타내는 경우도 없지 않음을 본다. 이를테면 부모님의 슬하를 벗어나 스스로 천주의 어린 양, 작은 예수로 살아가려 했던, 그러나 본의 아니게 높은 뜻을 이루지 못한 일부 신학생들의 도중하차하는 모습이 그 예라 할 수 있을 것 같다. 또 스스로 출가하여 고행을 일삼으며, 속세의 윤회를 벗어나, 영원히 사는 열반의 경지에서 왕생극락을 누리려 수도해 왔던 수도승이나 행자승 등이 속세의 유혹을 떨구지 못하고 도중하차해 속세에 다시 나선, 실패한 삶들에서 '출가'의 한 부정적인 면도, 그 한 예가 된다 할 것이다.

어쨌든 '가출'과 '출가'의 낱말에서 성공적인 삶을 살았거나 살고 있는 이들의 대표적인 면면들의 궤적을 보면, 집을 떠나서 사는 삶, 즉 '가출'

과 '출가'의 긍정적인 면을 이해할 수 있을 것이다.

어려운 국난을 극복하는데 온 심혈을 기울이며, 정의롭게 자신들을 불태웠던 수많은 선각지사들 — 최근의 예에서 볼 수 있는 바와 같이, 자신과 가문의 광영을 안겨준, 이른바 고생 끝에 있는 낙을 찾은 스타들의 삶은 하나같이 '가출'을 통해서 쟁취한 값진 결실이라고 볼 수 있을 것 같다.

그들은 구도와 깨달음을 위해 하나뿐인 생명을 기꺼이 버리면서까지 삶의 목적 구현에 매진함으로써 삶의 진정한 가치를 발견하고, 이를 선양하는 일에 최선을 다했던 사람들이다. 이름만 들어도 그 품격이 느껴지는 고승들에서부터 훌륭한 신부님들이나 수녀님들, 그리고 수도 정진하고 있는 스님들이나 다른 여러 인물들의 빛나는 삶은 참인간의 승리를 보여 주는 예라고 보아도 좋을 것이다.

그러나 요즘 TV나 신문 잡지 등 각종 언론 매체들의 핵심 뉴스로 등장하는 내용들 가운데에는 결코 외면할 수 없는 내용이 줄을 잇고 있다. 이른 바, 청소년들의 탈선의 원인이 되고 있는 가출에 따른 기사들이 바로 그것이다. 물론 가출의 이유야 그 나름대로 있을 수밖에 없고, 또 다양하지만 문제는 범죄의 근본 원인이 되고 있다는 사실이다. 가출이 가출을 낳고, 그 가출은 또 다른 가출로 이어져 범죄라고 하는 불길로 이어져 결코 소망스러운 일일 수가 없다.

그 중에는 분명 어느 정도의 시간이 경과한 후, 화려한 가출로 자리매김할 예도 없지는 않을 것이다. 그러나 그 몇 개의 예를 낳기 위해 현재의 이 상황을 미화할 수는 없는 일이라고 본다.

지나치게 목적을 위해서 과정을 희생하는 것은 어리석은 소치에 지나지 않는다. 다소, 긍정적 면이 있다고 하더라도, 더 큰 폐해의 원인이 될 수 있다면 그것은 어떠한 이유로든 포기되어야 한다. 섣불리 행동에 옮길 일이 아니기 때문이다.

각설하고, 말은 삶을 근거로 하여 현실을 낳는 든든한 뿌리인 것이다. 그 안에는 문화적으로 한 길을 같이 살아온 사람들의 체취가 사려 있고, 정신이 포기를 이루고 있다.

우리는 풍요로운 낱말의 밭을 경작하고, 또 그것이 모여 이룬 울창한 숲을 따라 산책하며, 그것들이 일러주는 심오한 지혜에 귀 기울여야 한다. 그리고 그 안에는 준엄한 행동지침이 제시되어 있다. 풍부한 어휘력을 지닌다고 하는 것은 넓고 깊게 삶을 대할 수 있는 최선의 방안일 수도 있다.

수도자가 고행을 감내하며 진리의 터득을 위해 매진하듯, 우리는 언어의 바다에 뛰어 들어 펄펄 뛰는 생선처럼 싱싱한 말을 포획하는데 나름의 최선을 다할 필요가 있으리라고 본다.

윗물은 흐려도 아랫물은 맑다

윗물이 맑아야 아랫물이 맑다는 우리네 속담이 있다. 맞는 말이다. 윗사람의 행실이 발라야 아랫사람의 행실이 바른 것이다. 그런데 이 땅의 현실은 아랫물은 비교적 맑은데 윗물은 썩은 내가 진동할 정도로 탁하다.

사회 각 분야에서 수범적인 언행으로 마땅히 건전사회를 이끌어 가야 하는 지도자라는 이들이 온갖 해악만 일삼을 뿐 온당한 처신마저도 지켜내지 못하는 실상이다. 오히려 아랫사람들의 비웃음과 손가락질만 받는다. 이들이 하는 짓이라는 것도 한낱 어릿광대마저도 부끄러워할 정도로 꼴답잖은 게 일반이다.

이른바, 자신들이 처리해야 하는 소임은 뒷전으로 제껴두거나 진동한동으로 하고 잿밥에만 관심 갖고 발탄 강아지같이 싸다니는 꼬락서니. 지상에 재물 쌓아두는 부자는 천국에 들기가 마치 낙타가 바늘귀를 통과하기보다 더 어렵다는 성서의 가르침은 알 바 아니란 듯 재물 쌓아 놓고 거들먹대는 지옥행 티켓 차지 0순위의 배불뚝이들. 자식뻘 손자뻘 되는 10대 미성년자들을 성노리개 삼아 즐기는 탕아색마 같은 에피큐리언들. 입으로는 국가와 국민의 안위를 운위하지만 행실은 오로지 자신과 당의 이익 챙기는 쟁투로 꼴값 떠는 속알머리도 없는 사람들. 나라 경제는 파탄 나도 수단방법 가리지 않는 탈세와 불법적인 유산 상속으로 재벌세습을 획책하는 몰염치한들. 고품격의 지성사회를 치졸한 장삿속으로 농단을 일삼는 대학 경영의 거간꾼들. 이같이 행실이 부정한 윗사람들이 이 땅에 부지기수로 많기에 윗물은 탁류가 되어 썩은내가 가시질 않는 것이다.

그런데도 이 땅의 아랫물이 다행스럽게나마 건전한 풍토의 맑은 물로 흐르는 까닭은 무엇인가?

이는 '하수종말처리장' 역할을 하는 좋은 생각 선한 생동으로 살아가는 대다수의 선량한 사람들 때문이며, 비록 윗사람들(그 일부 배부른 돼지들)의 발치에서 발칫잠을 자며 지내는 고달픈 실상의 서민들의 삶일지라도, 늘 아름다운 마음밭을 견지하는 성실한 삶 덕택이다. 그러므로 윗물은 썩었어도 아랫물은 맑은 법이라고 학생들에게 강의를 통해 역설해 온 아이러니한 역설적 나의 견해가, 그럴듯한 설득력을 지니고 있는 건 아닐지 모른다는 다소 교만한 생각을 지면에 토해 놓는 이유가 되는 것이다.

자신을 아는 삶

고대희랍의 위대한 철인이요 인류의 큰 스승으로 추앙받고 있는 소크라테스의 가르침 가운에 '너 자신을 알라'라는 말씀이 있다. 그런데 소크라테스는 어찌하여 우리네 일상생활 가운데서도 흔히 들을 수 있는 '너 자신을 알라'라는 너무도 평범한 듯한 말씀을 주셨는가?

또 이 말씀 속에 담겨져 있는 참뜻은 무엇인가? 언뜻 듣고 생각하기는 매우 평범한 말씀 같은 이 가르침 속에는 실로 심오한 철학이 숨쉬고 있음을 알 수 있어야 한다.

'너 자신을 알라'라는 말씀 가운데 '너'는 다름 아닌 '나'인 것이다. 왜냐하면 '너'가 있으면 반드시 너의 상대자인 '나'가 있기 마련이다. '너'는 '내'가 있으므로 존재함을 알 수 있으므로 '너'는 '나'로 바꿀 수 있다.

그러므로 '너 자신을 알라'라는 말은 바로 '나는 누구인가를 알아야 한다.'는 '나 자신을 알라'라는 말로 이해될 수 있는 것이다. 그런데 우리는 어떠한가. 자기 자신에 대하여 각자는 잘 알고 있는 것같이 생각하고 있지만 기실은 그렇지 못한 것이 사실이다. 나 스스로 타인의 언행은 잘 읽고, 타인이 나 자신의 언행은 잘 모르고 있으나 스스로는 스스로의 언행을 잘 읽지도 보지도 못함이 일반이다.

한편 소크라테스의 '너 자신을 알라'는 말씀은 다름 아닌 '인간임을 알라'라는 뜻으로 이해되어야 할 것이다. 왜냐하면 '너'의 인격체와 '나'의 인격체는 곧 '우리'의 인격체이고 '우리'는 바로 '인간(사람)'이란 존재이기 때문이다.

그런데 우린 '나' 자신을 읽지 못하듯이, 만물의 으뜸이 생명체로서의 값진 '인간'임을 깨닫지 못하는 불행한 삶도 적지 않음을 보게 된다.

따사로운 마음, 밝은 마음들이 풍요로워야 할 우리의 사회가 참인간답지 못한 인간들로 하여금 차갑고 어두운 비인간적인 사회로 전락되어 저마다 참다운 자신, 인간적인 인간의 참삶을 영위하기 위한 너 자신과 나 자신을 바로 보며 생활할 줄 아는 솔로몬의 밝은 지혜를 가지는 행복의 길쌈을 해야 하겠다.

국민회의 측에 바란다

30여일 간 명동성당에 있으면서 공권력과 대치하고 있는 이른바 국민회의측은 그간 성소로서의 성역에 안주하면서 새로운 돌파구를 모색하고 나름대로의 투쟁방향과 방법 등을 놓고 고심하면서 농성을 하고 있는 것으로 알려지고 있다.

그러나 국민회의 측은 진퇴양난에 빠져 있는 형국이다. 왜냐하면 그동안 민주화운동의 참된 뜻을 이해했던 명동성당측이 성당으로서의 본래 역할에 다소 흠이 가더라도 성당에 찾아들은 국민회의측을 외면하지 않고 천주님의 뜻에 따라 보호해야 하는 입장표명이 분명치 않고 공권력이 철수하지 않고 자신들을 구속하지 않겠다는 다분히 오기와 아집에 가까운 주장만을 거듭한 채 좀처럼 성당측과의 협의도 잘 이루어지지 않고 오히려 성소로서의 의무와 역할을 무리없이 유지하고 지켜나가고자 하는 100여 만의 신도들과 사제들의 진솔한 정신에도 맞지 않는 관계로 성당측의 인내와 자제에도 한계를 느끼게 하여 양측이 서로 불편한 관계로 마찰까지 빚게 되어 현 단계로서 뚜렷한 대책이 서지 않은 국민회의측은 실로 난감한 입장에 처해있는 실정이다.

그리고 아무리 성역이라 하는 성당이라 해도 국민회의측은 품안에 안아두고 공권력을 성당 밖에 머물게 한 채 성당 안에 들어오지 못하도록 할 형평에 맞지 않는 명분을 고집할 수 없는 성당측의 말 못할 고민이 있기 때문이다. 그리하여 성당측은 국민회의측을 설득하여 성당에서 떠나 주도록 요구하면서 한편으로는 공권력을 성당 안에 들어올 수 있게 하는 난형난제 피치 못할 조치를 취하지 않을 수 없기에 이르렀다.

그런데 국민회의측은 이 같은 성당측의 처사를 못마땅하게 생각하며 도움을 받은 입장에 있는 측이면서도 오히려 성당측을 비난하기에 이른 것이다. 그 이유는 공권력을 어떻게 들어올 수 있는가라는 것과 어떻게 보호를 요청한 자신들을 보호하지 않고 떠나달라는 것인가라는 이유 등이다.

그러나 객관적인 견해를 가지고 보는 필자의 생각으로 국민회의측의 입장에서는 자신들의 행동이나 주의주장이 아주 의로운 민주주의적인 사고에서 비롯되는 것으로 합리화 하고 있지만 실제로 거간의 여론측면에서의 그들이 행한 행태는 대다수 국민의 마음을 편안케 하는 그런 것은 못되었다는 것이다.

사실 그간 어느 정도, 어느 기간만큼은 국민회의측의 거대한 행동양태에 박수도 보내고 아낌없는 성원을 보낸 것은 숨길 수 없는 주지의 사실이다. 그러나 시간이 갈수록 민주세력을 자처하는 국민회의측이나 그 유사한 재야 운동권 의식화된 근로자를 포함한 학생운동권의 형태는 솔직히 말해서 가뜩이나 정치적으로나 경제적으로나 기사회생 불능의 진단이 아무런 도움을 주지도 못했고 도움이 되지도 않았다는 것이 침묵 속에서 불안한 정국을 걱정하고 우려하는 선량한 민주시민 국민들의 공통된 생각이라 여겨질 정도의 어지러운 사회상, 타락되고 폭력이 난무하고 불신과 기만이 횡행하는 그야말로 일내 난장판 발 그것이었다는 지적이다.

작금의 실상은 오히려 국가와 민족을 진심으로 생각하여 바른 소리 바른 말을 하면 여지없이 민주투사요 애국열사연하는 운동권 세력 민주세력을 자처라는 이들에게 배신자, 배반자, 반역자, 변절자, 위선자라는 차마 입에 담을 수 없는 도저히 진정으로 민주화를 지향하고 민주의 꽃을 피우고 민주주의를 신봉하는 이들로서는 감히 상상도 못할 모멸적이고 폭력적인 인신공격을 가해 아예 말문을 봉합하고 있어야 보신이 되는 기가 막히고 기형적인 불안한 사회로 변해가고 있는 실정이다.

필자가 생각하는 바는 유서대필 사건에 연루된 강기훈씨나 그 외 민주화를 주창하면서 한반도를 뜨거운 감자처럼 만든 소외 민주세력들이 그동안 행한 형태들이 정말로 정당한, 그리하여 대다수 국민들의 절대적인 호응과 지지를 얻었던 참다운 운동권 세력이었다면, 오 어찌하여 떳떳하고 공권력의 심판을 받으려 하지 않는가. 무엇이 두려워 공권력을 외면하고 회피하고 저어하는가 하는 의문이 인다. 진정으로 그대들 참민주세력을 자처하는 또 스스로 국인의 이름을 이용하여 국민회의하 자칭하는 의로운 이들이라면 진정한 용기, 불퇴전의 용기로 4천만 국민이 지켜보는 가운데 공권력의 심판을 받는 의인이어야 한다는 생각이다.

사제들과 신도들의 성스런 의식과 행사가 간단없이 이루어져야 하는 이른바 성역의 성당 안에서 사제와 신도들의 생활에 여러모로 폐해를 끼치면서까지 객이 주인의 집에 눌러 앉아 6공정권 타도 운운, 노정권 박살, 민중정부수립, 부정선거 규탄 제6차 국민대회 개최 운운하는 바람직스럽지 못하다고 판단되는 패배적인 행태와 허언은 만인의 공감을 절대로 얻을 수 없다는 것이 이 사람의 소신이다.

어쨌든 그대들 민주세력 등의 행동이 옳은 일이었다면 용기 있게 나서서 공권력의 심판을 받으라는 것을 요망한다. 그리하여 그대들이 말하는 것과 같이 공권력의 행사가 또 그 처리과정이 의롭지 않고 소위 공포적인 행태로 드러나면 그대들을 위하여 침묵하는 대다수의 올바른 인식을 가진 국민들이 결코 가만있지 않을 것이란 점이다. 현 정권을 타도하고 박살내자는 구호와 행동을 거리낌 없이 행한 그대들이 무엇이 겁나 그대들이 무시하는 공권력 앞에 나서기를 주저하는지 그 양식이 분명치 않다.

정치의 정자도 모르는 문외한이지만 공부한 것으로 치면 최고의 학위까지 받은 필자의 소견으로서는 민주주의라는 것이, 참된 민주화란 것이 국민의 심성을 과격하게 만들어 책임의식의 무감각증후군에 의한 폭력과 비도덕적 비윤리적 비양심적 비생산적 비민주적 구호와 선동 선전으로 이루어지는 것이 아님을 안다.

적어도 필자가 아는 상식으로의 민주화의 달성은 끝없는 인내와 자제를 가지고 대화와 타협 그리고 아름다운 미덕 그 양보의 정신과 행동에서 비롯되어진다는 사실이다. 이제 우리의 국민의식 수준은 많이 향상되어졌다. 뿐만 아니라 난장판 같은 떠들썩한 민주화를 갈망하는 것이 아닌 조용한 안정 속에 참다운 이 민족만의 독특한 향내음 나는 그런 민주개혁을 원하고 있다는 사실이다. 이에는 딴전을 부린 결과로 보여진 젊은 지식층의 외면에 의하여 낮은 투표율을 보여준 선거였다고는 하나 민주의 꽃 그 요체는 바로 주인의 뜻을 펴는 선거에 있다고 한다면 이번 광역 자치단체 시도의회의원 선거결과에서도 아주 극명하게 나타나 있다.

이번의 선거결과는 각 관련기관들의 분석해서 발표하였듯이 안정심리가 작용한 안정 속의 민주개혁을 요청한 국민의 소망이었다는 것이 드러났다. 만일 마치 민주화의 화신처럼 민주화를 위해서는 탈법적인 행태를 부끄러움 없이 행해도 상관없다는 민주화를 하자면 그 행태는 비민주적이고 탈법적인 모습으로 행한 그대들 민주 투사들의 주장대로라면 이번 선거에서 현 집권 여당은 어김없이 참패의 늪에 빠졌어야 했다.

그러나 선거의 결과는 그러하지를 아니했다. 물론 시도의원 의식을 과반수 차지하였다고 해서 현 정부 여당의 국민에게 아무 불만 없이 살게 한 안정한 국가를 이끌었느냐 하면 이것은 분명 '노(No) 아니다'이다. 그리고 압승을 거둔 데는 막강한 조직력과 자금력에 현 집권 여당이 안고 있는 알파요인이 작용된 것이지 정말 국민이 절대적으로 믿고 신임해서 던져준 선물의 결과는 아니다.

그러나 그대들 민주세력 그것도 각양각색 그 색깔을 현란하게 달리하다가도 때로는 하나같은 색깔을 보여주는 마치 카멜레온 같은 민주세력들이 외치는 구호, 듣기에도 섬뜩함을 안겨주는 구호와 폭력의 난무, 완벽한 조직과 전략전술로 현 정권을 그대들의 용의대로 타도하고 박살내어 민중정부를 수립하였다 가정하였을 때 그 이후에 지금과 같은 혼란이 없으란 법이 있을까 의심이 가지 않을 수 없다. 물론 강력한 공권력을 행사하여 혼란을 막을 수도 있을 것이다. 그러면 그것은 또 다른 공안통치가 아닌가. 그때는 공안통치를 무엇이라 강변할 것인가….

정치는 흐르는 물과 같다고도 한다. 물이 흐르다보면 바위도 만나고 벼랑도 만나고 절벽을 만나고 하여 우여곡절을 겪으며 대하에 이를 것이다. 그러한 것과 같이 현 집권 여당은 차기에도 집권을 하고 싶은 대망과 야권은 차기에는 자신들이 집권해야 된다는 야망이 있는 것이다. 바로 이것은 누구라도 인지상정으로 여겨지는 것이요. 이런 것이 정녕 정치의 묘미가 아닌가 한다. 때문에 한번 정치물에 들여 놓으면 흐르는 물과 같이 그 속에서 같이 도도히 흐르고 흘러야 하는 것이란다.

문제는 계속 집권하려는 현 집권여당이나 물갈이를 해야겠다는 야권이나 한결같아야 하는 바는 진실로 국민을 생각하고 국민을 위하는 그리하여 진실로 복되게 살 수 있게 하는 꾸준한 정책개발과 그에 의한 입안과정을 거쳐 적극적으로 실행에 옮겨 성공을 거두는 간단없는 노력과 수행이 있어야 한다는 것이다.

그리고 민주화를 위하여 한평생 고귀한 인생을 민주화의 호적에 맡겨두고 열혈을 아끼지 않은 민주세력들은 진정으로 국민들의 신뢰와 절대적인 호응을 받는 민주화 운동을 펼쳐가려면 이제는 그간의 다분히 과격한 형태로 일과했던 무력적이고 어거지 춘향격이고, 오기와 아집적이고 비타협 불신의 증폭을 높여주고 탈법적인 폭력형태의 방법은 마땅히 지양시키고 착실하고 알찬 나름대로의 정책대결을 지극히 온건하고 평화적으로 펼쳐나가는 새로운 색깔, 새로운 형태, 새로운 모습을 그려야만 국민들의 가슴에 뜨겁게 가닿는 그리하여 국민들의 사랑 속에 그 숭고한 뜻과 정신 그리고 원대한 이상을 실현할 수 있으리라 확신한다.

끝으로 현재 (6/22)까지 성당에 남아 있는 '국민회의'측은 현 시국의 흐름과 국민의 참 뜻이 어디에 있는가를 올바로 깨닫고 그리고 성당 주위의 상인들의 기본적 생존권의 권리 환원을 위하여서도 현명한 판단을 내려 성당 본연의 성직수행에 추호의 지장을 주지 않는 넓은 도량을 갖고 미련없이 떠나주고 현 제도권이 행사하는 공권력의 심판을 받는 슬기로운 용기를 보여줄 것을 다시 소망하며 그리하여 아픈 만큼 성숙해진다는 평범한 진리의 말씀대로 공권력 심판의 아픔을 딛고 새롭게 거듭나 조용한 안정 속에 민주화를 바라는 국민의 뜻대로 새롭고 알찬 대책과 정책을 가지고 그대들의 숭고하고 아름다운 민주화의 열망을 달성해 나가기를 충심으로 비는 것이다.

이렇듯 국민의 참뜻에 따라 '국민회의'의 사명을 이루어 나가는 것이 결국 재미있는 이야기로 뽕도 따고 임도 만나는 일거양득을 올리는 명실상부한 애국의 단체가 될 것이라는 것을 확신한다.

속빈 강정

우리나라 작금의 실정이 속빈 강정 같다는 생각이 든다. 벌이가 신통치 않아 실속은 없으면서도 씀씀이는 수돗물 쓰듯 헤퍼서 아주 잘 사는 나라 사람들마저 휘둥그레질 정도이니 말이다.

이전까지의 우리의 장점은 무엇이었던가. 누구나 할 것 없이 허리끈 질끈 동여매고 열심히 피땀 흘리는 노력으로 일하고 저축하고 검약하였던 생활태도가 아니었던가. 그런데 이러한 대 한국인의 강인한 삶의 철학이 오늘엔 어느 곳에서도 찾을 길이 없다. 그저 그날 벌어먹고 손터는 격일 뿐이다. 우리의 삶이 왜 이렇게 되었는가.

여기엔 무엇보다도 정치 지도력의 부재와 부도덕성, 그리고 사회지도층의 무책임성에서 비롯되는 무절제한 행태 등을 지적하지 않을 수 없다. 나날이 매스컴에서 거론되고 전해지는 일들은 대권야욕, 선거구제, 내각제, 야권통합 당내입질단속, 뇌물수수 등 반갑지 않은 나라 안의 일들과 유엔, 소련, 중국, 북한 등 내치엔 관심 없는 나라밖의 일 등 필요 이상으로 과민반응을 보여주고 있는 주객전도된 사안들인 것이다.

이렇듯 국민의 실생활 문제 등에 관한 정책은 뒷전에 둔 비뚤어진 정치 행태도 문제가 심각한데 기업가들은 고임금과 근로자들만 탓할 뿐 계획하고 제조하고 하는 생산성 향상, 양질의 품질 생산과 수출의 다변화에 대응할 적극적이고 신나는 전략은 내놓지 못하고 오히려 일본제품과 미국제품 등 외제품만을 경쟁적으로 수입하여 노력 없이 이윤만을 취하려는 경향이 있고 비생산적인 부동산이나 굴려서 부당이득이나 얻으려는 몰기업가 정신이 팽배해 있고, 사회 각 지도층 인사들은 건전한 사회기풍 진작과 민생안정에 심혈을 쏟지는 않고 술과 노래, 화투, 골프 놀이에만 탐닉하여 서까래 썩는 줄 모르는 방자한 사생활만 있을 뿐 지도층으로서의 올바른 공적인 생활행태 등은 볼 수 없다.

이 같은 현실에 속상해서일까 다수의 시민들마저도 강한 피해의식에 사로잡혀 홧김에 이 같은 피해의식을 보상받기라도 하려는 듯 뱁새가 황새 좇는 분수에 어긋나는 과소비적인 생활을 하고 있는 등 온 나라 전체가 내일은 없고 오늘만 있는 마치 아수라장 어지러운 형국에 있다. 우리는 언제까지고 이렇듯 방향타 없이 헤매는 미아신세로 있을 것이다.

우리들 말에 늦었다고 느꼈을 때 시작해도 늦지 않는다는 말이 있다. 이 말처럼 우리는 이제라도 하나로 결어진 한 겨레의 강인한 의지를 모아 다시금 세계 속에 위대한 한국인으로 거듭나기 위한 제2의 혁신적 도약을 이루어야 한다. 이래야만 다시는 속빈강정 같은 실없는 우리가 되는 일이 없게 될 것이다.

제5부

옹근 겨레말과 참 겨레 얼

사랑의 눈으로 보면

국가 기강을 정상적으로 유지해 나가기 위해서는 우선 그 구성원들의 심신이 건강하고 또 건전해야 한다. 건강한 육체에 건전한 정신이 깃들인다는 말은 바로 이런 것을 의식해 이른 말일 것이다. 그러나 여러 정황을 살펴볼 때, 이 말은 건전한 정신이 건강한 육체를 만든다고 해야 옳은 표현일 것 같다. 이는 국가 기강을 바로 세우기 위해서는, 그만큼 국민의 정신적 건전함이 중요하기 때문이다.

그러나 이런 관점에서 우리의 현재 국가 상태나 사회 현실을 진단해 볼 때, 우리의 정신 건강지수는 이미 적신호가 켜진 지 오래되었을 것 같다. 구태여 성서에서 이른 말을 꺼내지 않더라도 남을 멋대로 판단하여 비난하지 않고, 너그러이 대하며, 자선을 베풀고, 보복하지 않으며, 위아래가 뚜렷하여 서로 공경하고 사랑함 등이 저간의 우리 양속이었으나, 오늘의 세태는 이러한 것들의 가치나 필요성을 거의 인정하고 있진 않는 것 같아 이른 말이다.

그저 자고 나면 너나없이 어전투구처럼 영일이 없는 상태이니, 생각할수록 안타까움만 더하게 된다. 한 마디로 말해서, 이는 겨레가 어울려 더불어 사는 공동체적 삶의 모습이 아닌 것이다. 단일민족임을 강조하며, 그것을 최고의 자랑으로 삼고 있는 우리가 어쩌다 이렇게 되었는지 혹시 남이 알까, 두렵기까지 한다.

우리 사회가 이 모양 이 꼴이 된 것은, 무엇보다도 참사랑에 대한 우리의 실천 의지가 부족하거나 깨어졌기 때문이 아닌가 싶다. 사물을 보는 눈은 결코 마음의 상태와 무관할 수 없는 법이다. 보기에 따라서 얼마든지 달리 보일 수 있는 것이 세상의 일이기 때문이다. 이를테면, 갈색 안경을 끼고 세상을 보면 갈색으로, 녹색의 안경을 통해 보면 세상이 녹색으로 보일 수밖에 없듯이, 세상의 모든 일 역시 이와 가른 것이 아니다.

그러므로 일단은 아름다운 심성의 눈을 가질 필요가 있다. "너는 형제의 눈 속에 '티'는 보면서도, 어째서 제 눈 속에 들어 있는 '들보'는 보지 못하느냐, 제 눈 속에 있는 들보도 보지 못하면서, 어떻게 남의 눈의 티를 배내 주겠다고 하느냐, 이 위선자야! 네 눈의 들보나 빼내어라, 그래야 눈이 잘 보여 남의 눈 속에 있는 티를 꺼낼 수 있다"(루가 6:41)고 한 가르침만 마음에 깊이 새겨두고 생활한다면, 우리의 사회는 한순간에 더 이상의 것을 바랄 필요가 없을 정도로 이상적이고, 아름다운 삶터로 탈바꿈하게 될 것이다.

그러나 아직 우리가 이런 올바른 심성의 눈을 갖고 있지 못한 상태이기 때문에 자기의 흠을 모르고 남을 비난하고, 단죄하거나 저주하며, 또 보복의 칼날을 휘두르고 있는 것이 아닌가 한다. "선한 사람은 선한 마음의 창고에서 선한 것을 내놓고, 악한 사람은 악한 창고에서 악한 것을 내놓는다"고 한 성서의 가르침이 새삼 가슴에 여울을 만드는 것은 무슨 이유 때문일까.

우리가 남에게 바라는 것처럼, 남에게 우리가 해 줄 수 있는 데가지 마음을 쓰고 힘을 기울여 주어야 한다. 그리고 남을 탓하기에 앞서 우리 자신을 반성해야 하고, 남에게 무조건 항의하기에 앞서 자신이 먼저 남의 마음을 헤아려 너그러이 이해하며, 진정으로 사랑할 수 있는 마음을 키워야 한다. 그 길만이 민족의 자존심을 회복하고, 존영의 길을 트는 길이기 때문이다.

우리도 이젠 남을 탓하고, 수단과 방법을 가리지 않고 쓰러뜨리려는 삐뚤어진 마음을 버리고, 참사랑을 고루 나누는 아름다운 심성을 회복해 원래의 우리 모습으로 돌아가는데 모든 지혜를 모아야 한다. 매사 '사랑의 눈'으로 보면, 모든 것이 아름다울 수밖에 없는 것인데, 부질없이 왜곡해 흠을 만드는 일은 누가 보아도 현명한 처사일 수가 없다.

우선 자신부터 모든 것을 사랑의 눈으로 보고, 너그러이 헤아리며 살아가는 데 숙련되어야 한다. 한 시대를 변화시키는 근본적인 힘은 결코 많은 사람이 한 일에 동참해야만 가능한 것은 아니다. 소수의 힘이 여러 방향으로 확산되는 과정에서 자연히 결과로 이어지는 것이다. 이는 작은 씨앗이 더 번성하는 모습을 보면 쉽게 알 수 있다.

묵상해 보면, 우리가 살아가는 이곳은 참으로 살맛나는, 정말 복받은 땅임에 틀림이 없다. 이곳을 복락의 요람으로 만드는 것도, 아니면 지옥의 분실로 만드는 것도 결국 우리의 손과 선택에 달려있다. 우리의 마음 안에 천당과 지옥이 함께 존재한다고 하는 것은 바로 이런 경우다.

참 겨레 얼 심는 교육

오늘의 교육정책은 마치 망건 쓰자 파장인 것 같은 느낌이 드는 면이 없지 않다. 홍익인간의 이상을 구현해야 하는 전인교육의 도량인 학교교육이 입시 위주의 교육으로 치닫고 있어 입시 위주의 교육만을 위해 존재하는 사설학원과 조금도 다를 바 없는 본연의 책무를 상실한 교육기관으로 전락되었다. 이런 까닭으로 인격도야를 닦는데 기본이 되는 교양교육의 부재로 이 시대에 맞는 도의와 윤리는 실종되고 올바른 사회를 이끌어 나갈 참다운 참인물 육성이 어렵게 되었다.

더욱이 급변하는 국제정세는 자국의 이익 도모를 위해 혈안이 되어 열심히 뛰고 있는데 우리는 어찌된 노릇인지 지난날 그토록 매사 열심이던 열정이 사그러든 채 허리끈 질끈 동여매고 또다시 힘찬 전진을 위한 피나는 노력이 엿보이지 않는다. 그리고 남의 것이 좋고 나쁨을 가리지 않고 정신없이 받아들이고 흉내내기에 바쁘다. 이토록 내것을 지키고 갈고 닦기보다는 남의 것 찾아가기에 더 잘 길들여진 어지러운 판국에 교육과정개정 연구위원회가 교육개정 시안을 내놓았는데 한문 과목을 국어과목에 포함하고 국사 과목을 사회 과목에 포함하며 선택 과목화 한다는 내용이다.

이것은 국적 있는 교육으로 보나 주체성 확립을 위한 교육의 입장에서나 실로 납득하기 어렵다. 가까운 일본만 보더라도 국어교육과 국사교육을 지나칠 정도로 강화하고 스스로 천손민족임을 자처, 국적 있는 교육을 심화시키고 세계 각국이 제나라 바로 알고 지켜나가기에 열을 올리고 있는데 울타리 없는 세계 속에서 살고 있는 우리가 어쩌자고 겨레얼을 올바로 세우고 나라를 굳세게 하고 튼튼하게 할 국어교육과 국사교육을 홀대하고 제것 알기 교육을 소홀히 하려는지 도무지 이해가 가지 않는다.

가장 한국적인 것이 가장 세계적인 것이 되듯이 내 민족 내 겨레의 모든 면을 똑바로 찾아 알고 지켜나가는 것이 올바른 교육일진대, 가뜩이나 외제선호사상이 만연되고 있는 이때에, 제 선조의 위업과 행적, 말글살이를 바로 알아야 하는 어문교육과 역사교육을 업신여기는 것 같은 느낌을 주는 교육과정 개정 시안은 마땅히 재고되어야 한다고 생각한다.

남의 말글을 조기 교육시키고 어설프게 국제화 시대에 뛰어드는 것보다는 보다 내 나라 내 겨레의 모든 것을 똑바로 알고 갈고 닦는 가운데 국제화 시대에 자신 있게 나서는 것이 떳떳하고 자랑스런 세계 속의 한국인이 되는 것이라 믿는다.

옹근 겨레말과 참 겨레 얼

우리가 늘상 쓰는 말이란, '사람의 생각을 목구멍을 통하여 조직적으로 나타내는 소리'라고도 하고, '그 사회집단의 구성원이 서로 협동하고 상호작용을 하는 자의적(恣意的)인 음성적 기초의 조직이다.'라고도 한다.

어쨌든 우리 사람들은 이 말을 통하여 의사를 주고받고 협동하며 인류문화의 꽃을 피워왔음을 잘 안다. 만약에 이 말이 없었다면 다른 동물과 전혀 다를 바가 없었을 것이고 오늘의 빛나는 전통문화의 꽃을 피울 수 없었음이 뚜렷할 것이다.

일찍이 프랑스 사람 Buffon은 '문장은 사람이다'하였다. 이는 문장, 곧 말 속에는 그 사람의 얼이 드러나 보인다는 것으로 이해될 수 있는 바다. 말은 무형(無形)의 생각이 유형(有形)의 형체로 나타나는 것이므로 말과 생각 즉 얼과는 뗄레야 뗄 수 없는 밀착된 관계에 있다 하겠다. 때문에 한 나라의 겨레말에는 곧 그 나라의 얼이 들어있는 것이다.

겨레말에는 그 겨레, 공동운명체로서의 정신과 문화가 깃들어 있는 것이다. 겨레말에는 그 겨레, 공동운명체로서의 정신과 문화가 깃들어 있어서 그 겨레의 얼을 이루게 되는 것이다. 그러므로 그 겨레 나름의 정신과 문화, 사회성과 역사성을 간직하고 그 삶을 이루고 있는 겨레얼이 건전해야만 다시 알찬 겨레말을 창조할 수 있게 되는 것이다.

그만큼 겨레말과 겨레얼은 하나 되는 관계를 유지하며 존재하는 것이다.

그런데 이렇게 중요한 관계에 있는 우리의 겨레말은 오늘날 어떠한가? 꼭 꼬집어 말할 수는 없겠으나 분명히 우리말은 그 찬란한 빛을 잃어가고 있다고 해서 지나친 표현은 아니리라고 보아진다. 고도로 발단된 과학 문명에 의해 세계가 좁아지고 모든 것이 국제화가 되고 세계화가 되어가는 오늘날의 시점에서 참신한 정신문화가 뒷전으로 밀리고 경제의 부, 물질의 부가 최고의 이상으로 드러나고 있는 팽배한 물질만능의 사회에서 빚어지고 있는 모든 불균형의 상황, 그 아래서 잃어가고 있는 자아의식과 우리 의식, 그 결여된 의식 때문에 우리의 겨레말은 점점 병들어가고 있는 이유가 아닌가 한다.

이처럼 우리말들이 병들어가고 있는 예는 얼마든지 찾아볼 수 있는 바다.

밍크로 만들어진 이부자리에서 일어나 모닝커피를 마시고 가스렌지에 계란후라이로 아침을 때우고 버스로 출근하여 한나절 근무하다가 점심시간에 가께우동이나 함박스텍을 들고 오후 근무를 마치고 퇴근하면 호텔에 들어가 헬스클럽에 들러 운동을 하고 사우나탕에서 피로를 풀고 그 다음에는 스탠드바나 스낵바에 들러 조니워커나 로얄 등 양주를 들며 쇼 프로를 감상하다가 택시를 이용 와이프가 기다리는 스위트 홈에 도착, 드디어 바깥의 스트레스를 푸는 하루의 생활 속에서 우리는 이같이 외래어가 범람하는 상황 속에 우스꽝스런 삶을 보내고 있는 현실이 그 한 예라 할 수 있다.

'김양'을 '미쓰김', '수건'을 '타올', '대중가요'를 '팝송', '머리맵시'를 '헤어스타일', '운동경기'를 '스포츠', '피서'를 '바캉스', '분위기'를 '무드', '네거리'를 '로터리', '깍다'를 '디스카운트', '상여금'을 '보너스', '계몽'을 '캠페인', '보도기관'을 '매스컴', '자기봉사'를 '셀프서비스', '배우'를 '스타', '오락'을 '레크레이션', '표시'를 '체크', '시간예정'을 '스케줄', '생각'을 '아이디어', '경쟁자'를 '라이벌', '사진기'를 '카메라', '잘못'을 '미쓰', '제조업소'를 '메이커', '규모'를 '스케일', '고층건물'을 '빌딩', '사진첩'을 '앨범', '늙은처녀'를 '올드미스', 따위로 말해야만 품위 있고 고상한 자신으로 생각하는 이른바 뿌리의식, 주인정신을 상실한 그 잘난(?) 외래 향수병에 깊이 빠져있는 실태가 오늘의 우리말이 병들게 된 까닭임은 어디 이뿐일까?

쪽바리가 이 성스런 땅에서 쫓겨난 지도 어언 40여 년이나 흘렀건만, 주제를 모르고 까불대는 일부 얼빠진 친구들은 일식집을 찾아 일본말로 된 외식을 즐기고, 가라오케에 따라 노래의 흥을 돋우며 그 잘난 일본 노래들을 자랑삼아 거침없이 불러대는가 보다.

심지어는 얼마 전 국제적인 성격을 띠고 있는 의원 연맹총회가 열리고 있는 즈음, 어떤 상임위원에서는 우리 국회의원 일부가 일본의원을 위한답시고 통역하는 사람이 있음에도 불구하고 아예 일본말로 유창하게 회의를 진행한 바 있는 용서할 수 없는 짓거리와, 언제 사라질지 모를, 각 분야에 걸쳐서 의식 없이 쓰고 있는 독버섯 같은 일본말의 찌꺼기들이 또한 세계에서 가장 으뜸인 우리의 겨레말과 글을 병들게 하고 있는 중요한 이유인 것이다.

분명 이처럼 우리의 겨레말은 심한 병증을 가지고 있는 것이 사실이다. 그러면 어찌하여 우리말을 이처럼 병증을 앓고 있고, 외래어가 판을 치고 있는가?

이도 꼭 한마디로 설명할 수는 없는 바이지만, 이는 대체로 주체의식이 모자란 데에 따른 외래문화에의 환각적인 도취와, 내 것을 낮추어 보고 업수이 여기는 그릇된 마음, 그리고 빈탕뿐인 권위의식이 낳은 허세주의 등에서 비롯되어진 것이라고 볼 수 있다. 이 가운데서 이를테면, 내가 어렸을 적 초등학교 시절에 책에서 본 바 있는, 이른바 '언니 사과는 크게 보이고 내 사과는 작게 보인다.'라고 한 그 생각이 바로 그릇된 사실을 잘 말해주고 있는 일단의 예라고 볼 수 있다.

어쨌든 남의 것들이 좋게 보이고, 크게 보이고, 아름답게 보이는 반면에 내 것들은 나쁘게 보이고 보잘 것 없게 보는 그릇된 생각들이 문제인 것이다. 또한 나에 대한 열등의식을 감추기 위하여, 내적으로 부족하고 비어있는 상태를 얼핏 보상받기 위하여 다른 것에서 좋게 보이고 훌륭하게 보이는 것을 본따서 그와 같아지려는 허영심과 겉치레의식이 내 것보다는 남의 것을 위하고 그와 동화되려는 언행을 자아내게 되는 이유가 있다. 그리하여 말에 있어서도 우리말보다는 외래말을 즐겨 쓰게 되는 것으로 보여진다.

그러나 우리는 이같이 나를 잃은 허영심과 겉치레의식, 내것을 얕잡아 업수이 여기는 정말 잘못된 생각에서, 하루빨리 벗어나서 떳떳한 뿌리의식, 주인의식을 가지고 병들어가고 있는 겨레말을 생생하게 살아 움직이도록 겨레말로 바꾸어 놓아야 할 것이다.

일찍이 다른 나라들, 이를테면, 독일도 라틴어의 굴레에서 벗어나기 위하여 라틴어로 된 성경을 독일어로 번역하여 모국어를 되살리었고 라틴어 때문에 죽은 독일어의 어휘를 새롭고 풍부하게 하기 위하여 새로운 낱말을 만들고 즐겨 써서 오늘의 국제어로서의 손색이 없는 훌륭한 독일어를 이룩하였고, 프랑스도 문예부흥 운동의 영향으로 비하되어졌던 모국어를 되살리기 위해 온 국민이 힘써 모국어를 가꾸고 지켜서 밝고 아름다운 오늘의 프랑스어를 만들 수가 있었다.

2천년 동안이나 나라를 빼앗기고 세계 각국에 떠돌아다니며 흩어져 삶을 영위했던 저 이스라엘도 모국어인 히브리어로 된 성경으로 히브리말을 지켜 써온 피나는 노력의 결과로 오늘날 나라 잃은 겨레의 아픔을 딛고 일어나 나라를 되찾고 황폐한 사막을 젖과 꿀이 흐르는 옥토로 만들어서 떳떳한 자유 민주주의 국가로 건설하였는바 있는 여러 가지 면에서 피나는 노력의 댓가로 이루어진 것이겠으나 무엇보다도 제 겨레얼을 지킬 수 있는 겨레말을 잃지 않고 꾸준히 갈고 닦은 까닭에서라 할 것이다.

위에서 밝힌 바와 같이 우리도 이젠 겨레 모두가 한마음 한뜻이 되어 우리 겨레의 얼이 생생히 숨쉬고 있는 우리의 겨레말을 병중의 현상에서 모름지기 세계 으뜸인 우리의 겨레말, 글로 가꾸어 놓아야 할 의무와 책임을 가져야 한다. 이러하기 위해서는 일상 언어생활에서부터 잡스럽고 저속한 말을 버리고 아름답고 깨끗한 말을 쓰도록 하여야겠으며, 모든 공용문이나 대중매체의 총아인 방송에서 쓰는 용어도 모두 한글로 하고, 가요의 가사나 시, 소설 등의 문학용어나 예술스런 용어도 한글로 갈고 닦아 써야하겠다.

특히 각종 광고, 상호간판의 이름도 하나같이 곱고 바른 한글로 지어 쓰고 해서 오로지 모든 면에서 우리의 아름답고 훌륭한 겨레어를 갈고 닦아 지켜쓰는 온 겨레의 슬기가 모아져야 할 것임을 힘을 주어 말하는 바다. 이렇게 되어야만 때묻은 겨레의 얼이 그 찬란한 빛을 발할 것이고 빛나는 겨레말이 제자리를 찾아 끊임없는 사랑을 받으며 훌륭해질 것이라 믿어 의심하지 않는다.

이것이 곧 옹근 겨레말 속에 참 겨레 얼이 숨 쉬는 고향이 아니겠는가 하는 생각이다.

낙타와 바늘구멍

오늘의 우리 사회 실상은 저 중국의 춘추전국 시대의 부도덕성, 패륜성을 능가한다고 말한다. 이 같은 표현은 신문이나 라디오, 텔레비전 방송 같은 보도기관에서 보도되는 강력사건들의 내용을 비추어 보더라도 가히 납득이 가는 풍자라 할 만하다.

가히 눈뜨고도 인생이 망가지고, 자칫 잘못하면 목숨까지 빼앗길 수 있는 잠시도 마음 편히 가지고 살아가기가 무서운 치안부재 강력범죄의 천국인 오늘의 세태를 보면 눈감으면 코 베간다는 60,70년대의 불신풍조의 세태는 어찌 생각해보면, 아이러니한 표현이지만 요순시대로 비견될 만큼 그런대로 행복했던 시대가 아니었는가 싶을 정도이다. 가히 오늘의 세태가 얼마나 무서운 세태이고 타락한 세태인가를 충분히 짐작할 만하다.

그러면 어찌해서 오늘의 세태가 이처럼 도덕적으로 타락하고 부패되었는가. 이는 여러 요인이 있겠지만, 한도 끝도 없는 지나친 재물의 탐함과 소유욕 때문에 비롯된 것이라고 할 수 있다.

요즘 지나치게 돈을 사랑하고 재물을 탐하는 이들은 너무나 많다. 게다가 이른바 이 사회를 보다 밝고 바르게 이끌어 가야하는 법조인이나 기업인, 교사나 의원 공무원이나 대학의 지성인들, 심지어 목회자들까지도 극히 일부라고 하지만 재물을 탐하는데 뒤지지 않는 실태이다. 그리하여 온 사회구성원 모두가 하나같이 돈독이 오르고 재물 탐함에 열이 나 있다. 한마디로 악마구리가 판을 치는 아수라장 같다고나 할까.

성경에 이르기를 돈을 사랑하는 것이 곧 모든 죄악의 뿌리가 된다 하였거니와 논어 술이(述而)편에서도 '不義二當且貴 於我如浮雲'이라 하여 의롭지 아니한 부귀는 뜬구름 같다 하여 세인들로 하여금 경계하도록 하였건마는 오늘의 이 사회는 어찌하여 이다지도 뜬구름 같고 모든 죄악의 원천이 되는 돈과 재물들을 앞다투어 탐하는 것인지 모를 일이다.

모름지기 이 사회에 사는 모든 사랑하는 사람들에게 드리고 싶은 말씀은, 죽어지면 다 필요 없는 허상과도 같은 재물 가지기를 지나치게 탐하지 말 것이며 부유한 이는 천당 들어가기가 바늘구멍 안으로 들어가기보다 어렵다 한 성서의 가르침을 노상 염두에 두고 맑고 밝은 깨끗한 삶을 살아가기를 소망하는 것이다. 우리 모두 한결같이 이런 삶을 살아갈 때 우리 사회는 범죄 없는 아름다운 사회가 될 것이다.

몸만 정상인 사람들

우리 사는 이 땅의 현실사회는 몸만 정상일 뿐 중증의 몰인정한 많은 사람들 때문에 장애인들이 살아가기에는 너무도 힘든 사회다. 몰인정하기가 중증인 사람들이라서 그런지 장애인들에 대한 이들의 편협한 시각과 구겨진 의식 또한 과할 정도로 중증이다.

얼마전(2000.9.1)에 1급 장애인 이모(29)씨가 서울 장한평 역에서 전동 휠체어를 탄 상태로 스스로 지하철에 뛰어 들어 목숨을 끊은 일이 있었다는 충격적인 언론 보도를 접한 바가 있다. 이 같은 비통한 사실은 우리 사회가 얼마나 장애인들을 홀대하고 경원하는 비정한 사회인지를 절감케 한다. 저간의 우리 사회는 참으로 아름다운 마음들이 어우러져 사는 유정의 사회였다. 한마디로 콩 한알도 반쪽으로 나누어 먹는 인정이 넘쳐나는 삶의 사회 아니었던가.

산업사회, 정보화사회로 발전을 거듭해 온 이 땅의 우리는 그런대로 물질의 풍요를 누리며 산다. 일찍이 예전의 보릿고개 시절에는 전혀 누릴 수 없었던 여유로운 삶을 산다. 물질의 풍요를 누리며 살게 되면 인심의 속살도 자연스레 튼실해지는 것이 일반이다. 하지만 우리 삶, 늘 넘쳐나던 우리네 인정의 샘물은 시나브로 메말라 버리는 지경에 이르렀다. 마치 물질의 풍요와 인심은 우정 동행을 거부해야 되는 것 같이 사뭇 반비례로 치닫는 게 오늘 우리 삶의 그림이다. 반비례 그림의 사실성은 음지에 사는 이들을 돕는 측이 대체로 부유한 사람들보다는 다수의 서민들이라는 사실에서 확인되고 있다. 우리 사회의 몰인정한 세태는 비일비재하다.

중앙 정부는 각 지방 정부가 장애인들을 위한 편의 시설을 마련하는 데 돕기는 고사하고 훼방 놓기가 일쑤, 목불인견의 추태를 서슴없이 연출한다. 장애인을 홀대하고 괴롭히는 작태는 적잖은 기업체들도 결코 뒤지지 않는 게 현실이다. 우리 사회의 일반적 흐름이 이러하면서 우리 국가 사회가 바람직한 방향으로 발전해 가기를 바란다는 것은 아이러니며 도적 같은 심보에 지나지 않는다.

몸만 정상일 뿐 심성은 올바르지 못한 사람들이 한낱 몸이 불편한 장애인을 경원하는 것은 웃지 못할 넌센스가 아닐 수 없다. 장애인은 결코 별난 사람들이 아니다. 우리의 사랑스런 이웃이고 형제자매다. 단순히 몸이 불편한 존재라 해서 외면하고 무시하는 것은 곧 우리 자신을 무시하는 처사와 다를 바 없음은 상식이다. 몸이 불편한 장애인들의 심성과 의식은 몸만 정상인 우리보다 더 해맑고 순수한 경우가 허다한 게 일반이다. 이는 각 분야에서 각광받고 있는 장애인들의 성공적인 삶에서 확인되는 일이다.

하여 모름지기 정부 당국이나 각 분야의 지도층 인사들 그리고 자신이 정상인이라고 생각하는 사람들에게 소망하고 기도하는 것은, 다소 몸이 불편할 뿐인 장애인들의 가슴에 대못 박는 어리석은 언행을 삼갔으면 하는 것이다. 훈훈한 정이 들어 있지 않은 도움은 필요하지 않을 그들에게 알량한 금품이나 건네면서 생색이나 내는 위선적인 작태는 삼가는 것이다. 진정으로 장애인들을 사랑하는 마음들이라면 그들이 스스로 일어서서 떳떳한 이 사회의 일원으로서 살아갈 수 있도록 재활의 의지를 북돋우어 주는데 뒤에서 조용히 물심의 지원을 아낌없이 다하면 된다.

사랑이신 주님으로부터 가장 충만한 은총을 받으며 살아야 할 몸이 불편한 이들에게 재활의 기쁨 속에 축복의 나날이 되기를 그리스도를 통하여 빈다.

명예, 그 허허로움

요즈음 이 나라 안은 마치 장터처럼 온통 시끌벅적 요란한 분위기에 휩싸여 도무지 정신을 차릴 수가 없는 지경이 되고 있다. 저마다 국회의원이 되겠으니 공천해달라고 요란을 떨고 있기 때문이다. 그 하는 짓거리들이란 게 영락없는 장사꾼들 같다는 생각이 들 정도이다. 명예란 것이 무지개 같은 허허로운 것이건마는 이 명예를 잡기 위하여 서로들 아드등대는 꼴이라니……. 그저 시니컬한 조소를 금할 수 없을 뿐이다.

호랑이는 죽어서 가죽을 남기고 사람은 죽어서 이름을 남긴다 했으니, 누구든 제 이름을 떨치고 싶은 건 인지상정일 게다.

대체로 누구나 취하고 향유하고자 하는 명예란 것이 도대체 무엇인가? 따지고 보면 손에 잡히지도 눈에 보이지도 않는 허허로움일 뿐이다. 정치인, 기업인, 문인, 예술인 군인, 학자 할 것 없이 개개인들이 한결같이 세속적인 명예욕을 성취하기 위해 고귀한 인생을 허비한다. 최고의 지성 집단인 대학의 교수 세계도 예외는 아니다. 이 집단의 수장이 되기 위해 본업의 책무인 교수와 학문연찬, 사회봉사는 아랑곳하잖고 패거리 엮기에만 열심들인 게 오늘날 이 땅의 일반적 현실이 됐다. 교권을 위임받는 장이 돼서는 마치 권력 기관의 우두머리처럼 지배자로 군림하여 실로 상식이 통하지 않는 일을 다반사로 한다. 소위 억지 춘향으로 전횡을 일삼은 못 봐줄 치기—격에 어울리지 않는 명예 향유와 무소불위의 권력을 행사한 자신의 임기 종말이 어떨지를 생각잖는 무지한 치기—를 드러낸다.

우리 인류 역사는 사람들이 분에 넘치는 명예와 재물, 권력을 향유했을 때, 그 뒤끝이 반드시 좋지 않았음을 늘 증명해 줬다. 사실 세속 사회의 명예보다 더 귀중한 것은 참삶을 유지하는 참생명이다. 그런데도 사람들은 대체로 참생명을 소중히 하며 참되게 살기보다는 비극을 초래하는 헛된 명예 누리기에만 열심했던 게 또한 숨김없는 사실이다.

한낱 무지개 같은 환영, 그 허허로운 명예심과 명예욕 때문에 참되어야 하는 우리의 삶을 헛되이 허비하는 어리석음을 우리는 언제까지 이어가야 하는 건지 그저 답답할 따름이다. 나 자신도 이때까지 살아오는 동안 허허로운 명예를 얻어 사는 일에 무신경으로 일관해 오지를 못했기 때문이다.

사람들은 너나 할 것 없이 스스로는 어리석지 않은 존재로 여기지만, 실제로는 누구랄 것도 없이 한결같이 어리석은 길, 가지 말아야 할 길로만 고집스럽게 다가가는 실로 어리석은 존재가 아닌가 싶다.

우리 사회 구석구석의 일본문화 경계

오늘의 세계는 국경이 없다. 한 마디로 지구 가족을 이루고 있는 실정이라 해도 지나친 말이 아니다. 왜냐하면 세계 곳곳에서 일어나는 모든 사실들이 수분 내에 정보매체를 통하여 우리들의 안방에까지 전달되고 있기 때문이다.

문명의 이기는 참으로 위대하다. 그리고 참으로 편리하기도 하다. 오히려 이 같은 눈부신 물질문명의 발달은 정신적으로 인간을 왜소하게 만들고 두렵게도 한다. 아마도 어찌 생각하면 언젠가는 이 같은 가공할 정도의 물질문명의 발달로 하여 우리들 인간의 삶에 종지부를 찍게 하는 비극을 초래할 지도 모른다는 생각이다.

어쨌든 현재로선 물질문명 특히 그 정보기기와 그 매체의 발달로 편리한 삶을 영위하고 있는 것만은 틀림이 없다. 그러나 이 편리한 생활 속에 밀려오는 정신적인 폐해 또한 적지 않음을 실감한다. 그 하나로 국경 없는 정보매체 수단에 의한 문화의 침투를 들 수 있다. 일본 NHK방송이 자국 내의 난시청 지역을 해소한다는 명분으로 띄운 인공위성을 통한 방송 송출이 우리나라 전 지역에까지 미치고 있음이 바로 그 보기이다. 어찌 생각해 보면 우리보다 선진국의 실상을 접해 볼 수 있는 방송시청 사실이 무엇이 그리 큰 문제요 관심사가 되느냐 할 수가 있다.

그러나 문제는 경제적으로 선진국이라 해서 문화면 특히 정신문화까지도 선진국이라 할 수 없고, 우리가 즐겨 보고 있는 그들 방송내용이라는 것도 교양프로보다는 다분히 퇴폐적이고, 외설적이고, 폭력적이어서 우리의 정신문화를 오염시킬 수 있는 저질적이고 치졸한 오락프로라는 점에 있다.

일본과 우리는 과거의 가슴 아픈 역사적 사실에 따른 단순한 감정적인 사리 때문이어서 경계하는 것이 아니고, 생활문화나 정신문화 등 대부분 판이하게 다른 문화권을 가지고 있는데, 우리의 안방까지 파고드는 그들의 저질문화의 침투와 시청에 따른 의식이 오염되어지는 것을 경계하는 것이다.

소망스럽지 못한 저질의 오락프로를 시청하기 위하여 파라볼라(접시형 안테나)를 고유한 의식도 체면도 없이 앞다투어 설치하여 즐겨보는 소아병적인 의식상태가 더욱 문제이다. 또한 그들의 여성 패션 잡지 '논노'나 '앙앙' 따위에서 소개되는 의상을 그대로 본떠서 만들어 놓으니 날개 돋친 듯 팔려나가는 양심 없는 상도덕이나 지성을 의심케 하는 이 땅의 여대생들의 나를 잃은 허영심과 주체성 결여의 의식이 문제다.

고삐 풀린 망아지 같음을 연상하게 하는 부도덕한 성문화, 섹스를 주제로 하여 그럴듯한 스토리를 전개시켜 만든 비디오 카세트나 만화, 포르노의 테잎이 불법적으로 무단 복제되어 버젓이 거래되고 그것을 다투어 즐겨보는 이 땅의 청소년과 성인, 너나 할 것 없는 성문화의 부도덕한 노예로 전락한 불쌍한 군상들이 또한 문제이고 커피 파는 장소여야 하는 카페가 이 땅에서는 환락의 유흥장이 되어 일본의 대표적 대중가요라 할 수 있는 고요비 또요 같은 노래를 가라오케나 비디오케로 미친 듯이 불러대는 대학생이나 샐러리맨들의 국적 잃은 부랑아 같은 넋 빠진 친구들의 형태가 문제다.

'안전지대'나 '소년대' 같은 일본의 선풍적 인기를 끌고 있는 록 그룹들을 마치 우리의 우상이나 되는 듯 그들 사진마저 복사하여 품고 다니는가 하면 그들 노래에 미쳐 내용도 모르면서 흥얼대는 우리의 10대 소년 소녀들이 얼 나간 꼴불견의 모습들이 문제다.

어찌 이러한 문제가 이뿐이겠는가. 어찌하여 올바른 도의와 윤리로 세계에 그 성가를 떨치던 이 나라의 주인공들이 이 모양 이 꼬락서니로 타락되고 퇴폐화 되어가고 있는지 정녕 안타깝다. 이러다가는 우리의 아름다운 미풍양속의 미덕과 의식문화가 송두리째 사라지지나 않을까 자못 걱정이다.

일본의 의식이나 문화의 풍속도는 감히 말하느니 '혼네다네 마에' 이 '사무라이(무사)정신'이 아닌가 한다. 이 같이 야누스적인 양면성을 가지는 일본의 문화에서 우리는 무엇을 알고 배울 수 있단 말인가. 물론 일본에게서 배우고 얻을 것이 많은 것은 사실이다. 그들의 지나칠 정도의 친절성이나 근면성, 일관성, 단결성 등이 그 한 예일 것이다.

우리는 그들에게서 이런 정신만은 본받아야 하고 배워야 한다. 그러나 중요한 것은 가장 한국적인 것이 가장 세계적이란 말이 있듯이 우리는 가장 우리다운 우리의 의식문화를 지켜야 하고 발전시켜 나가야 한다. 이러한 확고한 의식 위에 다른 나라의 바람직한 문화를 수용하여 또 다른 내 것 우리의 것으로 융화. 새로운 문화를 창조 발전시켜 나가야 한다. 마치 벌이 꽃의 자양분을 빨아 꿀을 만들고 누에가 뽕잎을 먹어 누에고치를 만들 듯이 말이다.

우리는 이제부터라도 우리의 의식에 전혀 보탬이 되지 않고 해독만을 끼치는 일본의 외설적이고, 퇴폐적이고, 폭력적이고, 저질적인 치졸한 왜색문화는 보지도 않고 듣지도 않고 단호하게 배격, 이 땅 아름다운 나라 어느 곳에든 침투하지 못하고, 발붙이지 못하게 하는 의연하고 자랑스런 우리의 정신문화를 다지고 계승 발전시켜나가는 슬기로운 우리여야 하겠다.

이 의식의 바른 길이 2천년대 세계의 주역이 되는 주인공으로서 바로 서는 길일 것이다.

지옥행 티켓을 찾는 사람들

우리의 의식 속에는 정도의 차이는 있으나 자신의 것보다는 남의 것이 돋보이는 의식이 자리하고 있음이 사실이다. 이러하니 늘 대하는 사람보다 남에게 육정을 갖게 되는 것은 어찌 보면 자연스런 현상일 수 있다.

다만 문제가 되는 것은 이런 현상이 지나쳐 색정 도착증에 푹 빠져 패가망신하고 인륜이 파괴되는 사회병리현상이다.

영육이 미숙한 청소년들이 저지르는 불장난, 어린이들을 성적노리개 삼아 즐기는 간특한 성인들의 철면피한 행위, 전국에 부지기수로 산재해 있는 나이트 클럽에서 매일 70~80%가 넘는 엄청난 수의 30~50대 유부남, 유부녀들의 성적 탈선을 부추기는 부킹 행태, 인터넷, 음성사서함 등을 통한 부부끼리 상대방을 교환하며 즐긴다는 스와핑, 2차 외박이 관례가 돼있는 비뚤어진 접대문화, 이외에도 각종 계모임, 전화방, PC 통신, 인터넷 채팅 등을 통해서 무서운 속도로 확산되어 가는 남녀노소

불문의 '불륜행각'은, 저 '소돔과 고모라' 시대의 불지옥을 자초하는 가증스런 군상들이 연출하는 아수라의 추악한 모습니다.

이러한 추악한 행태는 가장 신성해야 하는 학교, 가장 존경과 사랑의 아름다운 존재로 남아야 할 스승과 제자들의 사회에서까지 일어나고 있다. 실로 기가 막히는 부끄러운 현실이다.

신선한 아침의 나라, 동방의 등촉이라 불림 받는 이 땅의 현실은 총체적으로 연옥의 모습으로 그려지고 있다. 그저 현실의 쾌락에만 탐닉하고 있을 뿐 참다운 삶의 미래를 그리잖는 참담하기 그지없는 현실이다.

우리가 한낱 빵과 욕정에 치우침은 짐승과 다름이 없다. 우리가 이렇듯 참다운 인간적인 삶을 외면하고 욕정의 노예로만 삶을 이어간다면, 지옥행 급행열차를 탈 티켓을 예비해두고 사는 것이나 다름없을 뿐이다. 인간의 삶이 본시 허무하듯이 쾌락 또한 그 뒤끝은 허허로움만 있을 뿐이다.

이젠 정신이 고달픈, 빵과 쾌락의 탐닉에서 벗어나 정신의 풍요로운 양식이 되는 하느님의 가르침을 실천하며 사는 아름다운 삶을 누려야 한다. 이런 삶이 진정한 하느님의 모상으로 이승에 태어난 자의 마땅한 의무요 도리다.

모름지기 금수같은 욕정의 노예에서 해방되어 진솔한 인간 참주인으로 영육 간 건강한 삶을 살아가기를 소망해 본다.

'가라지의 비유'를 되새겨야

최근, 전 일본 외상이었던 '와타나베 미치오'란 자의 철면피한 망언을 접하면서, 얻게 되는 결론은 역시 전범국인 일본은 평화를 애호하는 지구촌의 일원으로서 운명을 같이 할 자격이 없는 나라라는 사실이다. 개꼬리는 삼 년 묻었다 파 보아도 역시 개꼬리일 수밖에 없다는 사실을 확인한 폭이 된다.

사실 듣기 좋은 말도 세 번 이상 반복해 들으면 지겨운 법인데, 듣기 싫을 뿐만 아니라 치가 떨리는 말을 버릇처럼 되뇌고 있으니, 그들의 저의가 과연 무엇인지 자못 의심스러워 분노를 삭힐 수가 없다. 그 자의 발언은 갖은 악행으로 인해 응어리진 피해당사국들의 자존심에 못질을 해대는 일과 다르지 않다. 실로 잔인한 폭력인지라 어떻게 대응해야 할지, 방법이 생각나지 않을 정도이다.

일본이 우리를 비롯하여 주변국에 저지른 침탈행각은 일일이 드러내 고발하기가 어려울 정도이며, 그 만행은 악랄하기가 이를 데 없어 반추하고도 싶지 않을 정도임은 누구나 공감하고 있는 바일 것이다. 또한 그들은 그들의 침략 야욕과 행각을 정당화하기 위해 역사의 조작과 왜곡 그리고 날조를 일삼았으니, 이는 세계사 어디에서도 그 전례를 찾아볼 수 없는 천인공노할 일이 아닐 수가 없다.

유구한 전통과 빛나는 역사 그리고 민족자존의 열정을 짓밟고 말살하는 데 온갖 수단과 방법을 가리지 않았던 그들의 식민통치의 음모와 만행은 여러 흔적과 기록을 통해 이미 여실히 증명된 바이기에, 굳이 재론할 필요조차 없으리라고 본다.

영산(靈山)에 쇠말뚝을 박고, 옥토의 한가운데를 가로지르는 철길을 놓아 민족 정기의 분열을 도모하고, 온 산에 아카시아를 마구잡이로 심어 산야를 황폐화시키는 등 그들이 우리 민족의 기(氣)와 맥을 단절시키기 위해 저지른 미치광이와 같은 행각은 일일이 나열할 수가 없을 정도였다.

또 꽃다운 여성을 감언이설로 꼬여내어, 정신대로 끌고 가 일본군대의 굶주린 성욕의 희생물로 삼은 패륜행각과 빼어난 우리 민족 얼을 송두리째 뿌리뽑기 위하여 우리 나라의 말과 글을 못쓰게 하고, 내선일체(內鮮一體)라는 구실 아래 심지어는 혈통의 맥을 끊기 위해 우리 고유의 성과 이름까지도 일본식으로 바꾸게 하는 만행을 저지른 그들이, 아직도 반성은커녕 잠꼬대같은 입놀림을 계속하고 있으니, 하늘이 있다면 왜 그들을 응징하지 않고 내버려두는지 원망스러울 정도이다.

또한 황당무계한 이론을 내세워 반도국은 지리적 특징상 사대성, 당파성, 의타성과 함께 애매모호한 민족 속성을 가질 수밖에 없다며, 그 대표적인 예가 우리라고 비아냥거리면서 우리의 순진무구한 민족성을 매도하였으니, 나에게 옛날 사명대사와 같은 신기한 힘과 지혜가 없음이 다만 안타까울 뿐이다.

또 우리 땅의 형상을 호랑이에서 졸지에 토끼로 둔갑시켜 놓는가 하면, 독도가 저들의 땅이라는 망발을 계속하는 판에, 우리 고유의 맛깔스런 먹거리 중에 하나인 김치를 저네들의 전통적인 먹거리라고 대놓고 망발을 하지 않으리라고 누가 장담할 수 있겠는가. 우리가 이론적으로 무장하고, 민족의 힘을 모아 간교한 그들의 강한 견제세력으로 존재해야 하는 이유가 바로 여기에 있다.

우리는 2차 대전 이후, 구보타 망언으로부터 시작하여 와타나베에 이르기까지, 우리의 민족 자존을 건드리는 그들의 어릿광대와 같은 망동이 있을 때마다 흥분하고 성토하는 데만 급급했지, 냉철한 분석과 규명으로 철저히 대응하지 못했던 것이 사실이다. 다만 일과성 대응으로만 일관했던 것이 오히려 가증스러운 그들이 끊임없는 망언과 망동을 계속하게 했던 것이 아닌가, 성찰해 볼 필요가 있으리라고 본다.

우리는 앞으로 조직적이고 체계적으로, 그리고 정정당당하게 그들의 침탈행위를 정당화하려는 여하한 허구적인 작태도 용납하지 않을 뿐만 아니라, 다시는 그런 망령된 행위가 재발하지 않도록 일본을 타이르고 교화시키는 일에 힘을 기울여야만 한다. 그러기 위해서 무엇보다 중요한 일은 우리 스스로 힘을 키워 어느 누구도 넘볼 수 없을 정도의 강하고 어른다운 면모로 대외에 과시함으로써 그들에게 우회적인 위협을 가하는 방법밖에는 없다.

아울러 저들에 의해 왜곡 날조된 역사를 바로 세워, 선양하는 노력도 꾸준히 전개해 나가야 할 것이다.

끝으로, 세계 유일의 천황을 신봉하는 일본이나 일본인들에게 충고하고 싶은 바는, 자신들의 왕을 천황으로 받드는 꼴 같지 않은 아집에서 벗어나, 이제부터라도 창조주 하느님을 성심으로 받들어 보라는 점이다.

그리고 시간을 내어 '가라지의 비유'(마태 13장 24~30절)를 꼭 한 번 탐독하고, 그 가르침을 겸허하게 수용하여, 그릇된 속성에서 한 시라도 빨리 벗어나는 한편, 진정으로 평화를 애호하는 지구촌의 떳떳한 일원으로 다시 태어나 달라는 바램을 전한다. 그 길만이 인류발전에 이바지하는 유일한 첩경이 될 것이다.

망신살이 무지갯살 뻗치듯

사람은 대체로 출세를 원한다. 특히 권력욕을 채울 출세를 위해서라면 못할 짓거리도 가리지 않는다. 권력을 거머쥐고서도 못할 짓거리는 놓지를 않는다. 때문에 무소불위(無所不爲)의 권력을 일삼던 이들은 끝내 망신살이 무지갯살 뻗치는 신세가 되기 일쑤인거다.

대개 권력자들은 자신들이 늘 잘나갈 줄로만 아는 어리석음에서 벗어나지를 못한다. 아니 스스로 어리석음의 횃대 밑에서 권력의 마술에 심취한다. 화무십일홍(花無十日紅)이고 권불십년(權不十年)임을 잊은 채로 일장춘몽(一場春夢) 같은 권력의 무릉도원(武陵桃源)을 즐긴다.

때문에 꿈에서 깨어나 정신을 다잡으려는 자신에게 주어지는 현실이 망신의 무지갯살로 뻗치어 목불인견(目不忍見)이 되어 가는 건 너무도 당연한 것. 이를테면 호가호위(狐假虎威)하는 끗발들의 망신살이나 제후토호(諸侯土豪)들의 비리로 얼룩진 망신살이나 의원 나리들이 겪는 망신살 같은 게 시쳇말로 웅변하는 당연한 망신의 무지갯살 뻗침의 보기이다.

이 시대, 이 수치심 모르는 권력욕, 출세욕의 철면피한들 때문에 이 나라는 제대로 서는 나라로 추스르기조차 어려운 점입가경(漸入佳境)의 형국이 되어 가고 있는 것이다. 이렇듯 탐욕에 눈먼 가라지 같은 자들의 분탕질 노릇은 이루 헬 수 없는 사회악적 병폐를 야기한다.

날로 악랄함이 이를 데 없는 인면수심(人面獸心)의 반인륜적 만행 따위가 비일비재로 일어남도 따지고 보면 필연적으로 탐욕에서 비롯되는 것에 다름 아닌 것이다. 수명을 짧게 하는 영육적 여러 스트레스나 강박관념의 쌓임도 오욕(五慾)과 같은 탐욕에서 비롯됨이다. 인생, 우리 삶은 진정 덧없는 삶, 아침 이슬 같은 짧은 인생이다.

때문에 그리 바쁠 것도, 그리 욕심 낼 것도, 아등바등 댈 것도, 더욱이 아귀다툼 피터져 가며 살것은 더더욱 아닌 인생이다. 죽어지면 아무 소용없을 출세가 다 무엇이고 권력이 다 무엇인가, 천국문 들기 실로 어려운 부자로 사는 삶이 무엇이 좋은가. 우리 나그네 인생, 그런 대로 참답게 사는 길을 아마도 하늘 뜻 따라 가정 성화 이룸 속에 이웃 사랑하는 좋은 생각, 선한 행동으로 사는 것일 게다.

바른 인성으로 살려 노력하는 아름다운 삶의 노릇에는 마치 망신살이 무지갯살 뻗치듯 하는 수치스러움의 노릇은 정녕 없을 터이다. 우선 내 자신 안에서부터 어줍잖은 출세욕, 명예욕 따위의 사치하고 치사스런 욕심을 버리며 평상심 속에 순수하게 사는 노력을 기울이는 게 당연한 우선의 노릇.

아뿔싸, 나의 교만한 큰 실수! 나는 내 평소의 속내 생각을 쏟는데 열중하다 보니 내 눈의 들보도 제대로 보지 못하는 어리석은 주제를 잊고 넉살 좋게 너스레 떤 실수. 우스개 격이 된 다름 아닌 나, 이제의 처지에서 결과적인 얘기지만 참으로 체면 없고 부끄러움 모르는 철부지가 된 격이다. 내 주접이 이 정도이니 스스로 생각해도 놀랍다. 정말 망신살이 무지갯살 뻗듯 하는 내가 될 뻔함에 아찔하다.

아! 이제부터나마 남의 눈에 든 티를 훔쳐보는 못된 버릇을 삼가고, 진정으로 내 눈의 들보부터 제대로 빼내는 바른 심성을 키우는 노력을 기울여야겠다. 이런 노력이 선한 인성으로 살아갈 수 있는 바른 길이 것이기에.

마음 소리

우리네 삶의 뜨락에는 무수한 소리가 숨쉬고 있다. 물소리, 바람소리, 우레소리 같은 자연의 소리가 있고, 기계음, 악기음 같은 인위적인 소리도 있다.

그러나 우리의 삶을 바르게 이끌어 갈 수 있고 없고는 진정 맑은 양심의 소리, 마음의 소리의 가르침대로 사느냐 아니냐에 달려 있다. 마음의 소리는 소크라테스의 생사의 운명을 좌우했다고 하는 영적 존재(靈的存在), 곧 신성(神性)의 소리, '다이모니온(daimonion)'의 소리다. 이를테면 내심(內心)의 소리, 양심의 소리인 셈이다.

언제나 다소 정도 차이만 있을 뿐 그랬겠지만, 특히 이제의 세상 돌아가는 꼴을 보면 해맑은 양심의 소리대로 움직이는 모습들이 전혀 아니다. 옳은 소리, 쓴소리, 보약의 소리가 되는 양심의 소리에는 철저히 귀 막고, 악령의 소리대로만 따라하는 망나니 짓거리들만 일삼고 있다.

높은 감투자리를 빌어 무소불위(無所不爲)의 권력을 휘두르는데 여념 없을 뿐 국민 안위는 안중에도 없는 윗자리들의 행태가 그러하고, 호가호위(狐假虎威)로 살 맛 싹 가시게 만드는 족속들의 행태가 그러하다. 그저 지저분한 짓거리들로 이 나라는 아수라에 빠져 헤어날 기미도 찾아 볼 수 없는 형국이다.

바깥 세상도 엉망이고 진창이기는 마찬가지. 주 예수 그리스도와 마호메트를 기막히게 만들고 있는 이판사판, 너 죽고 나 죽자 식의 싸움박질에 지구촌 대부분은 하루 한날 조용한 날이 없다. 이 정도면 사탄의 기세가 참으로 대단한 거다.

언제나 우리네 인간들이 진솔한 언행을 되찾을 수 있는 양심의 소리대로 살아가게 될지 걱정이다.

이 땅에 살아가는 필부(匹夫)의 한 존재로서 두 손 모으고 겸허하게 비는 바는, 흔히 인구에 회자되는 "내일 지구의 종말이 올지라도 오늘 한 그루의 사과나무를 심겠다."는 결연한 각오의 심정을 유지해가면서 애오라지 깨끗한 양심의 가르침대로 인간답게 살아가는 아름다운 모습의 견지(堅持)이다.

그저 아름다운 내심의 소리, 마음의 소리의 가르침대로 살 수만 있었으면 좋겠다.

버리면서 사는 길

인간의 길
빈손으로 왔다가
빈손으로 가는 게 인생이다.
태어났을 때, 우리는 어디서 왔는가?
죽을 때, 어디로 가는가?
삶은 구름처럼 왔다가 사라진다.
그러나 본래 구름 자체도 존재하지 않는다.
삶과 죽음, 우리 인생의 오고 감, 모두 이와 같다.

— 현각 『만행, 하버드에서 화계사까지』 60쪽에서

그렇다 사람은 누구나 빈손으로 와서 빈손으로 간다. 인생의 삶이란 이슬같이 순간적으로 존재했다 사라지는 허무하고 덧없는 그런 삶이다. 이러함에도 뭇사람들은 자신만은 오래오래 살 것처럼 제 것으로 만들고 베푸는 데는 인색하다. 그저 지나친 탐욕과 소유욕에 빠져들 산다. 특히 돈에 대한 그 소유욕은 대단해서 목숨을 바꿀 정도로 광적이지만, 남을 돕는 자선적 행위에는 그 인색함이 자린고비 이상인 게 일반이다.

작년 99년도의 불우이웃돕기 성금액이 경제 한파를 혹독하게 겪었던 98년도의 50%에도 못미친다는 사실은 우리를 하냥 슬프게 했다. 오늘 이 땅의 현실은 콩 한 알이라도 반쪽씩 나눠 먹던 아름다운 미풍양속, 정겨운 성정을 간직하는 게 사치일 듯 싶을 정도로 무정한 세태를 적나라하게 보여주고 있다.

이 땅엔 이른바 사랑과 자비의 주체이신 주님과 부처님을 믿는 기독교, 불교 신자들이 3천만 명이나 엄연히 존재한다. 사랑과 자비의 이름으로 신앙생활을 하는 수많은 신앙인들이 있음에도 불우이웃을 외면하려 돕는데 인색한 무정한 현실은 어떻게 이해해야 하는가? 이들의 신앙은 한마디로 자신들만의 복락과 구원을 희구하는 구복신앙으로 아주 이기적이고 굴절된 신앙, 그것이다.

이렇듯 자기 자신만을 위하는 지극히 이기적인 신앙풍토에선 그릇된 신앙심 때문에 불우한 이웃을 생각하고 돌보는 진실된 사랑과 자비지심의 자선행위는 이루어지지 않는다. 지극히 이기적인 구복신앙 생활이 몸에 밴 어리석은 신앙인들에게서 기대할 것은 아무 것도 없다.

이들에게서 진솔한 사랑의 형태, 그 실천을 기대한다는 것은 우물가에서 숭늉을 찾는 격이고, 고목나무에서 꽃피기를 기대하는 격이나 다름없을 뿐이다. 따뜻한 인성의 향기가 그윽한 사랑의 실천을 게을리하거나 행하지 않는 신앙은 참 신앙이 아니고 죽은 신앙이다. 그러므로 크리스천이든, 불신자이든 참다운 신앙인의 표양(表樣)은 이웃과 더불어 기쁨과 슬픔을 같이 나누며 사랑과 자비지심으로 사는 모습이다.

그런데 오늘날 이 땅의 현실은 오히려 스크루지 같은 이들이 넘쳐나는 아이러니한 현실, 우리 사는 삶의 숲속에는 이웃에 대한 따뜻한 배려와 사랑의 기운은 넘쳐나지 않고, 외면과 질시, 불신의 기운만이 짙다.

이렇듯 불우한 이웃에 대한 따뜻한 관심과 배려, 돕는 정성이 급속히 퇴색돼 가고, 외면과 인색함과 무정한 인심이 날로 팽배해진다는 것은 우리네 심성이 그만큼 황폐해졌다는 증거다. 이 같은 무정한 사회 풍토 속에 자신의 복락만을 바라는 이기적인 현상의 팽배는 끝없는 소유욕이 낳은 병리 현상이다. 우리의 삶 속에 어느 정도의 소유욕 성취는 필요하다. 그러나 무엇이든 지나치면 좋지 않듯이 지나친 소유를 위한 탐욕은 죄악을 낳는다.

이 세상에서 우리가 영원히 소유할 것은 아무 것도 없다. 그렇다면 우리가 살아갈 삶의 슬기와 미덕에 대한 답은 자명해졌다. 모름지기 지나친 소유욕을 버리는 무욕 속에 청정한 마음의 사랑과 자비심으로 베풀며 사는 진솔한 삶의 모습을 견지하는 거다. 특히 주님의 자녀로 사는 우리 크리스천의 삶의 모습이 이러해야 함은 물론이다.

바담 풍이 바람 풍을 향하여 띄우는 연서

“글은 그 인간 자체이다.”(뷔퐁)라는 말은 “인격과 밀착된 문장은 그 사람 자체인 것이다. 이러한 글은 남이 훔쳐갈 수도 없고, 뺏지도 바꾸지도 못한다.”는 말의 핵심적인 표현이다.

그렇다. 글을 보면 그 글쓴이의 생각과 인격, 그 됨됨이를 잘 알 수 있다. 때문에 좋은 글을 대한다는 것은 이른바 훌륭한 인물과 만나는 자리, 좋은 말씀과 만나는 시간이 된다.

3천년대를 향한 21세기가 시작되는 첫 해 — 그 중천에 와 있는 즈음에, 여기 만만디와 그 문화를 전공하고 있는 여럿의 새내기 지성들이 작문 강의를 통해 익힌 나름의 필력으로 틈틈이 지어낸 글모음집을 선뵌다. 이 속엔 이들의 아름다운 생각, 신선한 감성의 향취가 그윽하게 배어 있다. 이 문집은 마치 수줍음의 부끄러움으로 떠는 형상이 고혹적인 아름다움을 능가하는 한 다발의 안개꽃처럼 너무나 순수한 부끄러움과 수줍음에 순박함이 매력이다.

물론 화려한 문체와 기교로 글의 품위를 한껏 내는 문필가들의 눈엔 한낱 보잘 것 없는 글모음들일 수 있다. 하지만 깊은 속내는 없고 현란한 기교로 겉멋만 있는 사치한 글들보다는 때묻지 않은 진솔함에 화장기 없는 순수함으로는 한결 부끄러울 필요 없는 문집이 된다 하겠다.

바담 풍 식으로 교수하는 교수는 바람 풍으로 이해하는 제자를 만나야 행복하다. 이런 점에서 나는 참으로 행복한 교수다. 바담 풍의 반열에 있는 내가 바람 풍으로 강의를 이해해주는 사랑스러운 만만디 전공의 제자들을 만났으니 말이다. 이들은 한 학기 내내 내게 실망을 안긴 적이 없다. 여간 사랑스런 제자들이 아닐 수 없다.

이런 제자들의 필력 향상은 일일신에 일취월장 격이다. 막연한 예견이겠지만 이들 사랑스런 제자들이 훌륭한 지도 아래 글 짓는 작업에 꾸준한 정진을 가한다면 문필을 빛낼 이들이 여럿 생산될 수 있겠다는 다분히 교만스런 생각도 든다.

누구나 아는 것처럼 글 잘 짓기의 왕도는 없다. 꾸준한 사색과 통찰, 다독과 정독, 다작의 노력이 어김없는 왕도라면 왕도다. 그러므로 바람 풍 제자들에게 바담 풍 스승의 사랑으로 전하는 진솔한 메시지는 좋은 글을 생산해내는 끊임없는 자세 견지이다.

오늘 여기 하나의 문집으로 엮어 햇빛 누리에 감히 내놓는 까닭은 우선 낱개의 글 신세로 헤매게 하기에는 아까운 글들이라는 생각이 간간이 옥죄곤 했기 때문이다. 이런 까닭에 홀대받을 이유가 없는 새 생명체들을 한 곳에 모아 호적을 확실히 해둠으로써 품격 있는 글들로 대접해 둔 것이다. 그리고 바라기는 이 생명체들이 햇빛 누리 삶터에서 자신들의 생명을 있게 해준 주인, 이른바 만만디 전공의 은인들 곁에서 오래

장수를 누리는 것이다.

사랑해 마지않는 바람 풍의 제자들에게 소망하는 바는 이미 글짓기의 작업을 시작한 마당에 글짓는 일에 열혈성심을 다하여 문운이 활짝 열리는 것이다. 아울러 나의 충심은 내 사랑 그대들이 앞날을 위하여 늘 하느님의 은총 충만함 속에 영육간 건강과 성실한 삶, 씨줄 날줄로 엮어가는 아름다운 삶의 천을 열심히 짜나가는 일을 소망함이다.

그대들을 사랑하는 나도 비록 어줍잖은 글일지언정 글 짓는 일을 평생 사업의 차원에서 지속적으로 써나갈 것을 다짐해 둔다.

아름다운 후견인

세상에는 남의 뒤를 봐주는 사람이 참으로 많다. 좋은 본새, 나쁜 본새의 후견인(後見人)들 말이다. 유흥업소의 후견인, 신원 진술서 상의 후견인, 어려운 이웃을 돌봐주는 후견인, 혼인 주례를 맡아주는 후견인, 종교상의 후견인 등 이루 다 밝힐 수 없을 만큼의 많고 많은 각양각색의 후견인들 말이다.

이렇듯 많고 많은 각양각색의 후견인상(像)들 가운데 그래도 아름다운 본새의 후견인상을 들라면 아마도 종교상의 후견인이 아닐까 싶다. 이를테면 카톨릭 교회의 성세성사(聖洗聖事), 견진성사(堅振聖事) 때에 종교적 후견자가 되는 대부(代父), 대모(代母) 같은 존재가 아니겠는가.

하느님을 아버지로 모시는 같은 신앙 안에서 대부와 대자, 대모와 대녀의 관계로 맺어져 지낸다는 건 여간한 축복이 아닐 수 없다. 하느님의 은총 안에서 이러한 축복을 한껏 누리며 사는 건 분명 행복한 일이다.

믿음의 엷기가 살얼음보다도 더 엷은 내가 수십이 되는 대자들의 후견인인 대부로 지낸다는 건 실로 광영(光榮)이다. 그럼에도 난 늘 떳떳한 대부로의 거룩한 책무를 제대로 하지 않는 부끄럼 속에 지내는 측에 속한다. 뿐이라면 발바닥 신자 주제에 뭐 대수일까마는 더욱 부끄러운 노릇은 대부로서의 거룩한 책무는 제쳐두고라도 대자의 존재도 다 알고 있지 못하다.

참으로 한심한 대부가 아닌가 말이다. 수십 명의 대자들 가운데 절반에 가까운 대자들이 주님을 잊은 채 냉담하고 있음에도 회두(回頭)·회개(悔改)시키는 일마저 게을리 하는 정도다. 길을 잃고 헤매는 어리석은 대자가 되지 않도록 늘 뒤를 봐주고 올바로 이끌어 주는 다른 대부들하고는 천양지차(天壤之差)의 본새를 보이고 있는 존재가 나란 존재다.

이렇듯 나는 친애해 마지 않는 대자들의 귀감이 될 수 있는 올바른 됨됨이의 행태를 보여주지 못하는 어리석은 대부다. 때문에 신앙적으로 전혀 도움이 되지 않는 나를 대부로 삼은 대자들에게 난 늘 미안한 마음을 안고 산다. 이래저래 안쓰럽기 그지없는 것은 그저 대자들뿐이다.

이럼에도 내가 그나마 대자들의 대부로 존재해야 하는 이유가 있음은 부끄러운 나의 신언서판(身言書判)의 표양을 반면교사로 삼을 수 있다는 것일 것이다. 내가 이제라도 뒤늦게나마 대부답지 아니한 노릇을 스스로 고백하고 반성하는 까닭은 이제부터라도 대자들의 진정한 후견인으로서의 대부다운 신앙생활을 펼쳐나가야겠다는 다짐의 뜻에서다.

계제에 소망하는 바도 신앙생활의 열심 중에 대자들의 바른 신심 견지를 위한 돌봄에 게으름을 피우지 않는 성실한 후견인이 되는 일이다. 여러 후견인의 본새 가운데 그래도 아름다운 후견인의 본새는 대자들을 지극히 어리석기가 그지없는 저일지라도, 자신이 주님의 크신 사랑 안에서 애오라지 대자들의 신심생활이 한결 같도록 정성껏 돌볼 수 있는 성실성과 건강의 은총을 늘 내려 주셨으면 하는 것이다.

자랑스런 사관생도, 사랑하는 아들에게

개교 32돌이나 지난 육군 정예 간부의 요람, 21세기 선진 조국의 미래를 양어깨에 짊어진 열혈남아 청년 사관이 숨쉬는 곳, 육군 3사관학교의 자랑스런 일원으로 1년을 지낸 사랑하는 나의 아들 김한결 요한이 자랑스럽기 그지없다.

그간 부모의 슬하에서 한 건의 말썽을 부림도 없이 영육 간 튼튼하게 잘 자라준 우리 아들이었지만, 막상 육군 3사관학교에 당당히 합격하여 출가했을 때만 해도 네 어머니, 아버지는 여간 걱정이 아니었다. 화평한 가정 온실 속에서 아무런 불편 없이 지내던 네가 나라와 겨레를 수호하는 간성이 되는 3사관학교의 사관생도로서 잘 생활해 나갈 수 있을 지를.

그러나 네 어머니, 아버지의 이런 걱정이 얼마나 쓸데없는 기우였는지 어엿한 사관생도가 되는 입교식에서 너의 자랑스런 사관생도로서의 의연한 모습에서 확인이 되었단다. 가입교 기간의 철두철미한 훈련을 잘 소화해내고 본격적인 사관생도로 당당히 출발하게 된 모습에서 말이다. 자랑스런 사관생도가 되어 멋진 생도복을 입고 '충성' 구호와 함께 경례하는 너의 의젓한 모습에서, 31년 전 ROTC 7기로 육군 소위가 되는 임관식 때 할머님과 친지들께 감사의 경례를 올리던 나의 모습을 보고 있는 것 같아 감회가 깊었단다.

아버지는 네가 강력한 선진 육군 육성의 보루이며 미래 육군을 주도하는 3사관 학교의 일원으로 학위교육과 유격훈련, 해양훈련, 여러 군사학 교육훈련, 다양한 특별 활동, 충성의식, 명예의식 등을 철저히 익히면서 생도로서 잘 생활해 나간다 하니 그저 대견하기 이를 데 없다. 또한 위로는 학교장님과 여러 윗분의 지도 방침을 잘 준수하며 4학년 선배 생도들의 아낌없는 사랑 속에 동기생들과 정의돈수를 잘 해나간다고 하니 정녕 자랑스럽기 그지없다.

아무튼 실로 현대식 교사의 위용과 최첨단 교육 시설 속에 국민의 신뢰를 받는 명실상부한 정예 초급 장교 양성의 요람, 3사관학교의 사관생도로서 훌륭히 성장해 가는 너와 모든 생도들을 목도하면서 이 나라의 미래가 밝을 것임을 확신한단다.

너를 한없이 사랑하는 어머니, 아버지가 소망하는 것은 명실 공히 자랑스런 3사인으로 자긍심을 가지고, 자신의 발전과 국가 사회에 온몸으로 충성을 다 바칠 수 있는 훌륭한 장교가 될 수 있도록 사관생도 생활에 각고면려(刻苦勉勵)하는 일이다.

그러기 위해서는 노력하지 않고 된 훌륭한 인물은 없다는 사실을 명심해야 한다. 자신을 낮추는 슬기로운 사람으로 상대를 늘 배려할 줄 아는 심성의 사람이 되도록 노력하고, 오늘 1분을 소홀히 해 명일 1초에 우는 일이 없도록 해야 하며, 한 가지 일에도 최선을 다하는 성심을 가져야 한다. 자투리 시간이라도 책을 읽는 지혜로운 생활을 하고, 바른 판단력을 갖도록 힘쓰며, 자신의 이름에 자긍심을 갖는 태도, 적을 만들지 않는 친교의 사귐, 매사에 늘 감사하는 생활의 견지, 부드러운 말씨 · 강인한 의지를 실천에 옮기도록 노력하는 생활, 앞서는 말보다는 올바른 실천을 신조로 하는 생활인이 되어야 하는 것이다.

사랑하는 우리 아들, 자랑스런 3사인 '김 한결 요한' 아! 내가 이르는 이런 충고는 그 실행이 결코 쉽지 않다는 것을 잘 안다. 다만 이런 바른 생활이 될 수 있도록 늘 노력해 주기를 바랄 뿐이다.

부디 건강한 영육의 견지 속에 결코 3사관학교 생도로서 부끄럽지 않은 훌륭한 인물로 성장해 주고, 위로부터는 아낌 받는 사랑스런 후배, 동기들로부터는 신뢰받는 생도가 되도록 늘 힘쓰기를 바란다. 명실 공히 전 군에서 가장 모범적인 단결의 표상, 군기의 상징, 국민의 신뢰를 받는 지고지선의 교육기관, 3사관학교에 늘 영광이 충만하리라는 것을 확신하며, 3사인 만세를 빈다.

‖ 김선호 시인, 수필가 약력 ‖

* 1947년 충남 예산군 신암면 용궁리 789 출생
  (추사 김정희 선생의 후손, 용궁리에 추사 고택이 있음)
* 공주 유구초, 서산중, 충남상고(대전 중앙고) 졸업
* 충남대학교 국어국문학과 졸업
* 건국대학교 대학원 국문과 졸업(문학박사)
* 제7기 ROTC 임관(육군 중위 예편)
* 대전여자상업고등학교 교사, 대덕대학교 교수 역임
* 국립 한밭대학교 교수 및 학장 역임
* 한밭대 평생교육연수원장, 중등교육연수원장 역임
* 한밭대 개교 80주년 기념 자랑스런 한밭대인상
* 2012년 황조근정훈장 수훈

* 충남대학교 총동창회 부회장 역임
* 충남대 개교 50주년 기념 자랑스런 충남대인상
* 한글학회 대전지회 회장 역임
* 대전광역시장상(한글연구와 한글운동 공로)
* 대전 홍사단(도산 안창호 선생 기림) 회장 역임
* 천주교 가수원 성당 신도회 총회장 역임
* 한밭대 평생교육원 실용문예창작과 주임교수
  (2000년 학과 개설, 17년째 주임교수 지도 중)

* 1967년 충남대문학회장 역임
* 『시사문단』 신인문학상 시 부문
* 『문학세계』 신인문학상 수필 부문
* 대전 · 충남 가톨릭문학회 회장 역임
* 수통골문학회 회장 역임
* 한국문인협회 회원
* 한국문인협회 대전지회 회원
* 대전문인총연합회 회원
* 사단법인 문학사랑협의회 이사

* 1992년 수필집 『낙타와 바늘 구멍』 발간
* 1999년 수필집 『내 사랑의 이유』 발간
* 2002년 수필집 『망신살이 무지갯살』 발간
* 2015년 시집 『말하자면, 당신은』 발간
* 2016년 수필집 『사랑의 눈으로 보면』 발간
* 학술 저서 『한국어 행위 요구 월 연구』
* 제7회 풀잎문학상 대상, 제4회 북한강 문학상
* 제55회 문학사랑 인터넷문학상 수상
* 2005년 대전광역시 문화상 수상(문학 부문)
* 2014~2015년 『문학세계』 '한국을 빛낸 문인 100인' 선정

사랑의 눈으로 보면

김선호 수필집

발 행 일 | 2016년 1월 20일
지 은 이 | 김선호
발 행 인 | 李憲錫
발 행 처 | 오늘의문학사
출판등록 | 제55호(1993년 6월 23일)
주 소 | 대전광역시 동구 대전로 867번길 52(한밭오피스텔 401호)
전화번호 | (042)624-2980
팩시밀리 | (042)628-2983
홈페이지 | http://www.lito77.co.kr(홈페이지)
전자우편 | hs2980@hanmail.net

공 급 처 | 한국출판협동조합
주문전화 | (070)7119-1752
팩시밀리 | (031)944-8234~6

ISBN 978-89-5669-735-2
값 12,000원

ⓒ 김선호. 2016

* 이 책은 ㈜교보문고에서 E-Book(전자책)으로 제작 · 판매합니다.
* 잘못 제작된 책은 바꾸어 드립니다.
* 본문에 사용한 종이는 친환경 재생지 '그린라이트' 80g/㎡을 사용하였습니다.